DINOSAURIER

RÄTSELBLOCK UND MALBUCH

ABELISAURUS - "ABELS ECHSE"

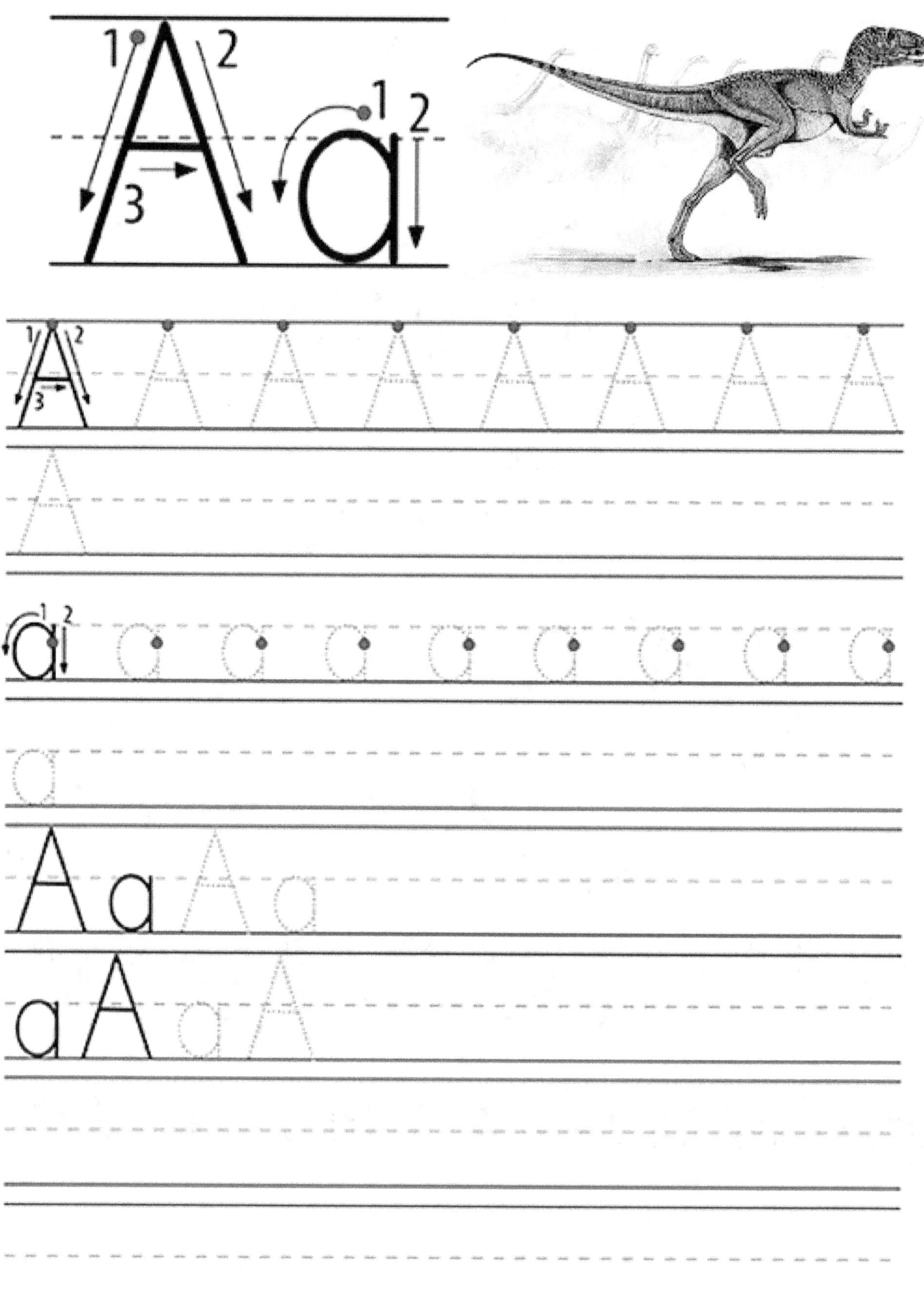

Male den Fußabdruck mit dem Groß- und Kleinbuchstaben A-a an:

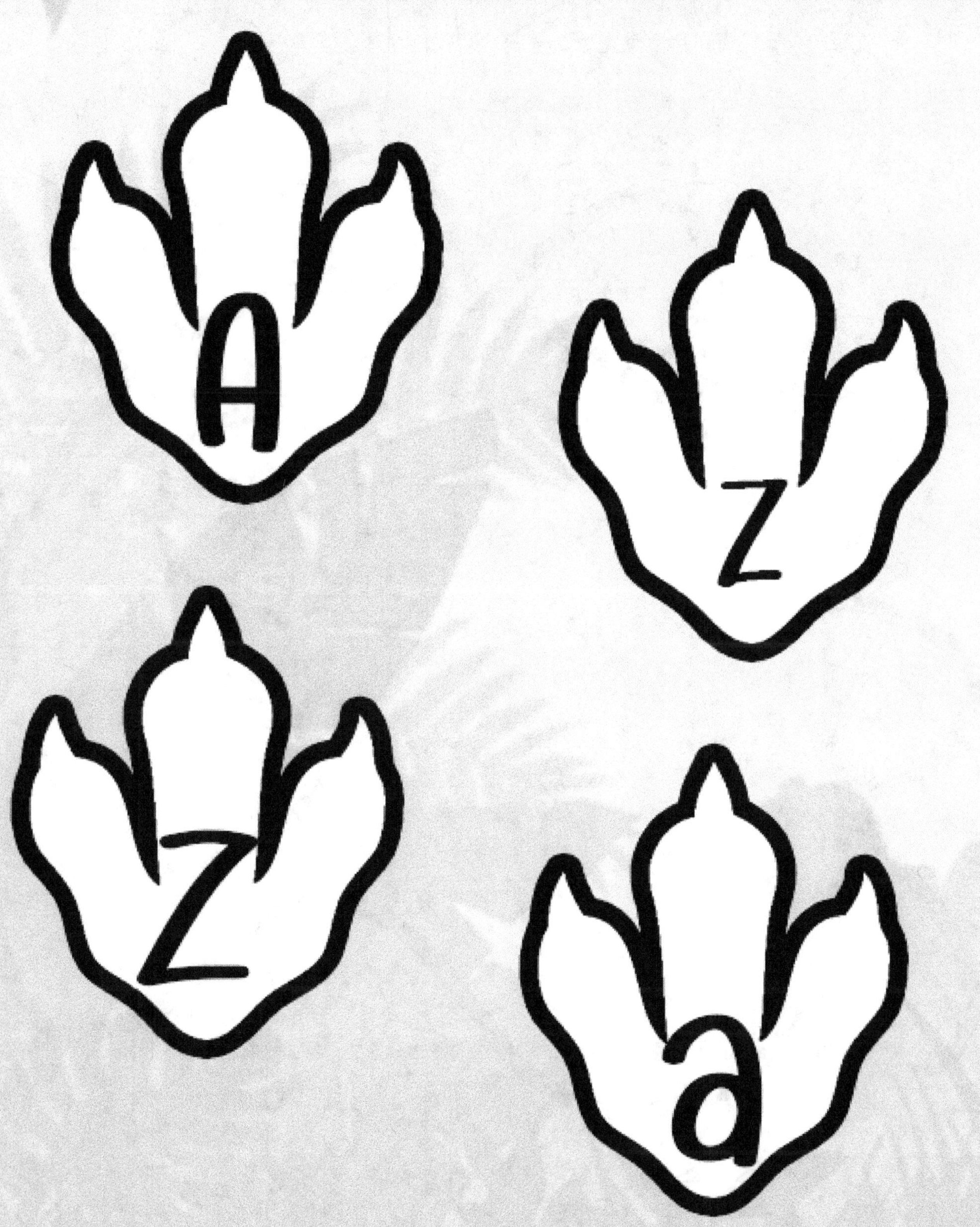

BRACHIOSAURUS - "ARM-ECHSE"

Male den Fußabdruck mit dem
Groß- und Kleinbuchstaben B-b an:

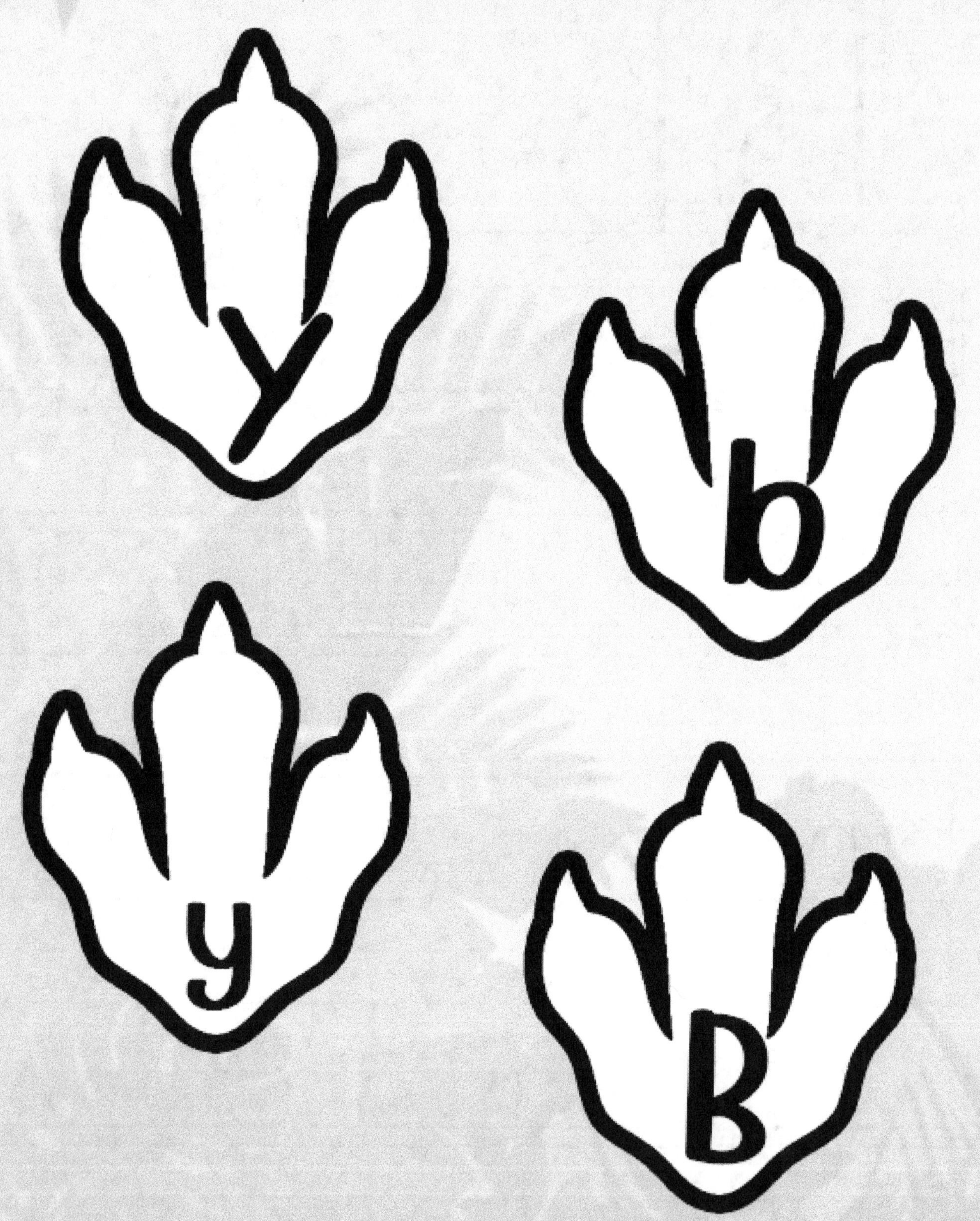

CARNOTAURUS - "FLEISCH-STIER"

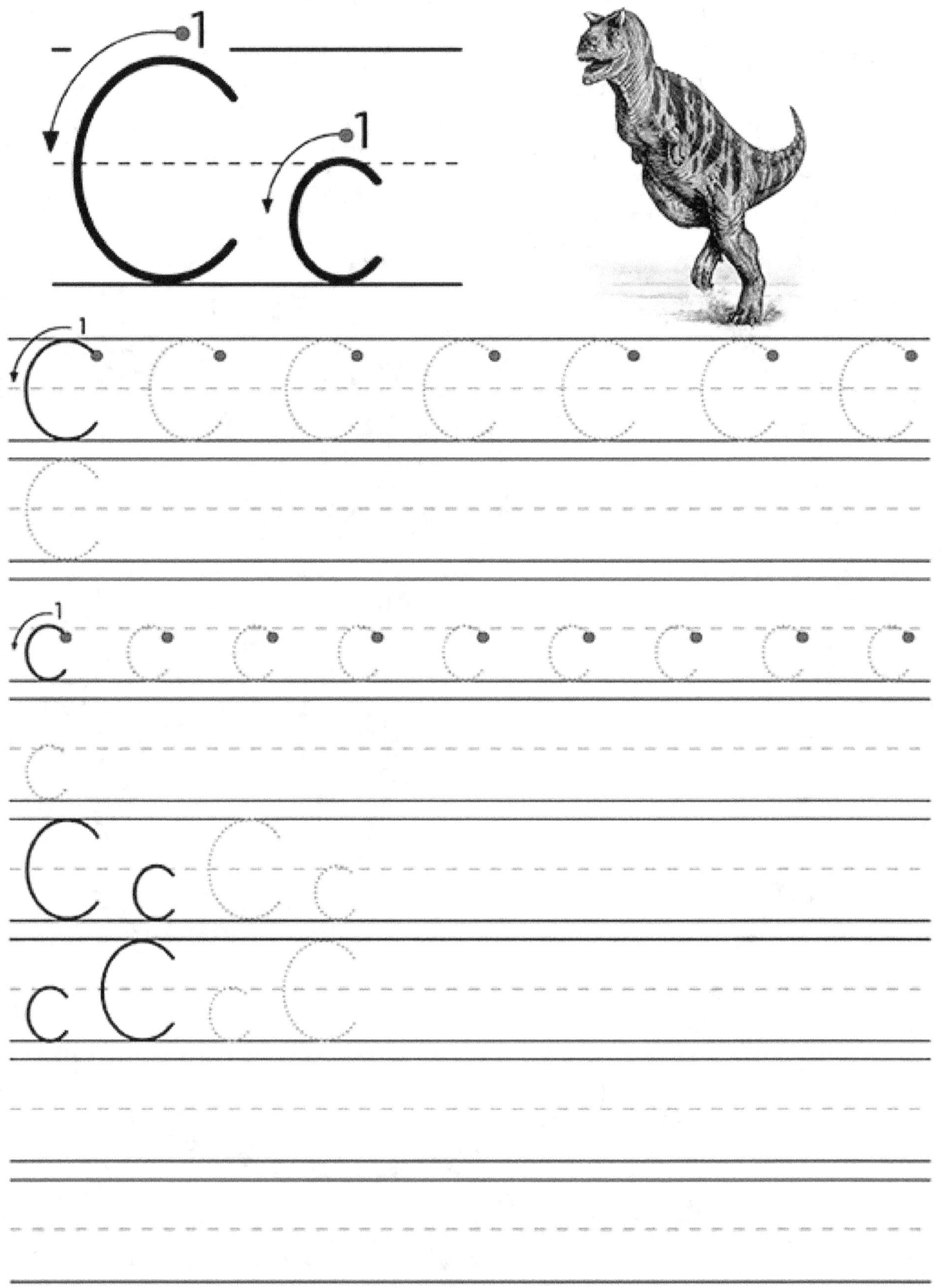

Male den Fußabdruck mit dem
Groß- und Kleinbuchstaben C-c an:

DEINONYCHUS- "GEWALTIGE KRALLE"

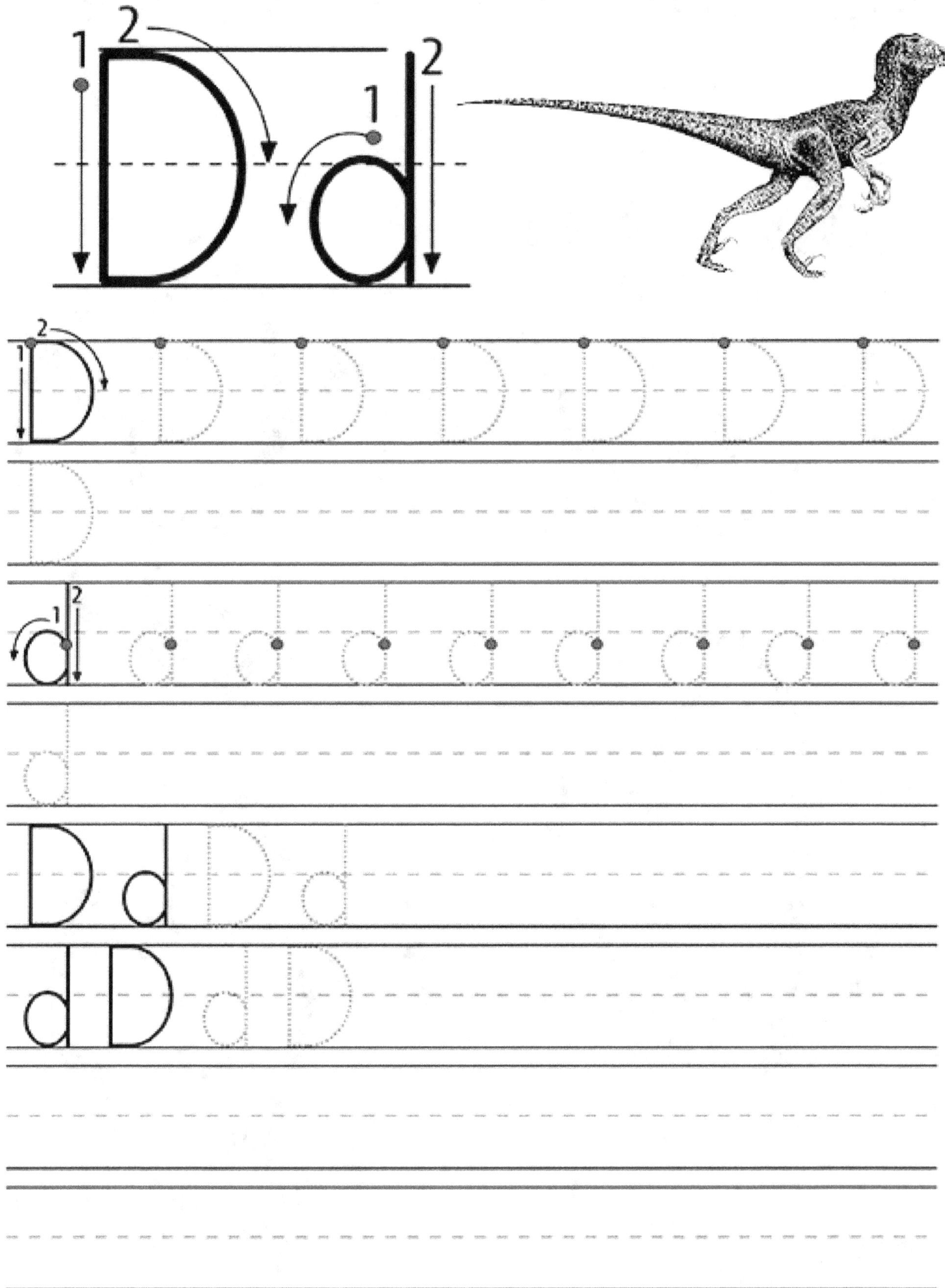

Male den Fußabdruck mit dem Groß- und Kleinbuchstaben D-d an:

EMAUSAURUS
"ECHSE DER E(RNST) M(ORITZ) A(RNDT) U(NIVERSITY)"

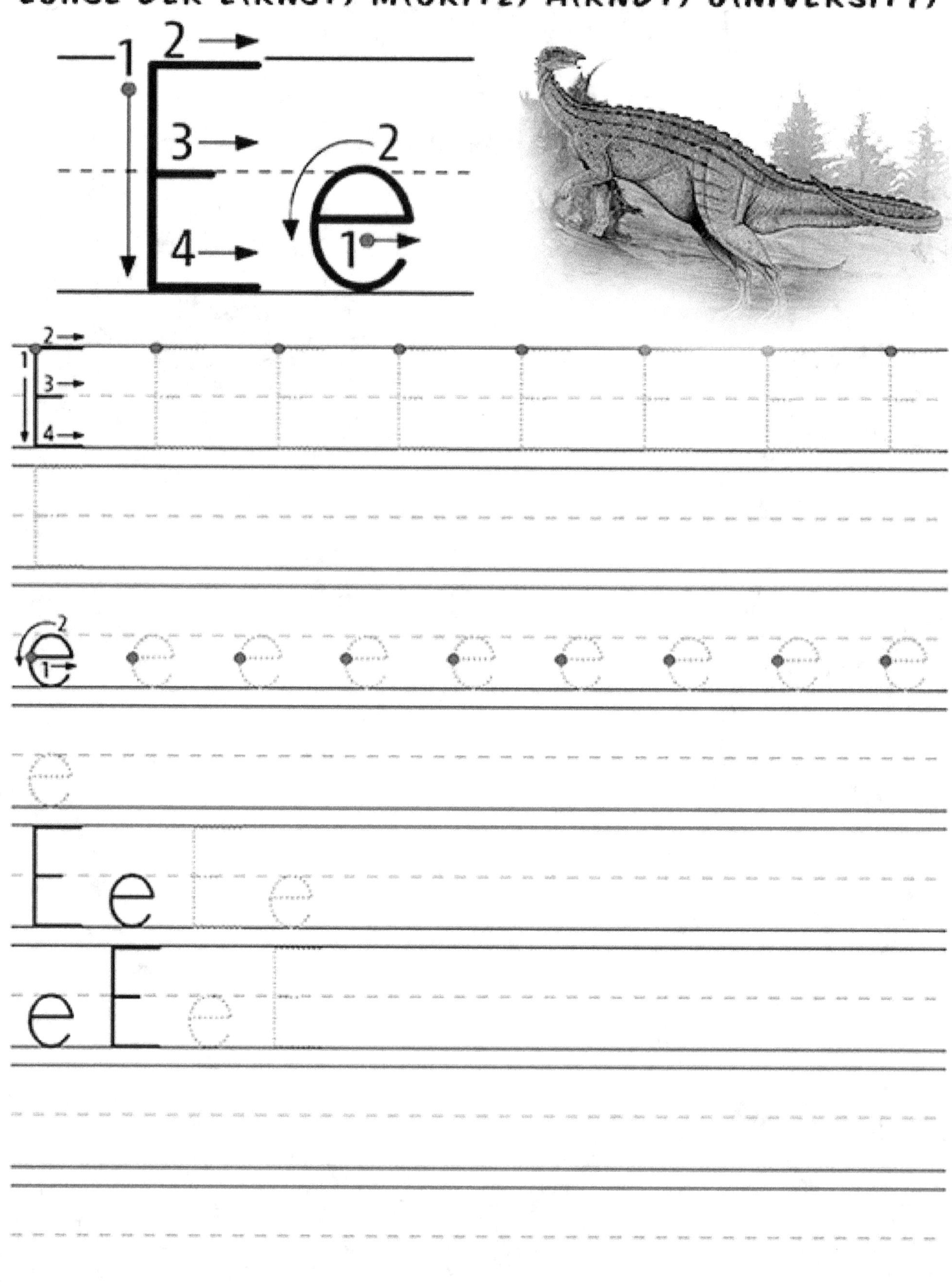

Male den Fußabdruck mit dem Groß- und Kleinbuchstaben E-e an:

FUKUISAURUS - "ECHSE AUS FUKUI"

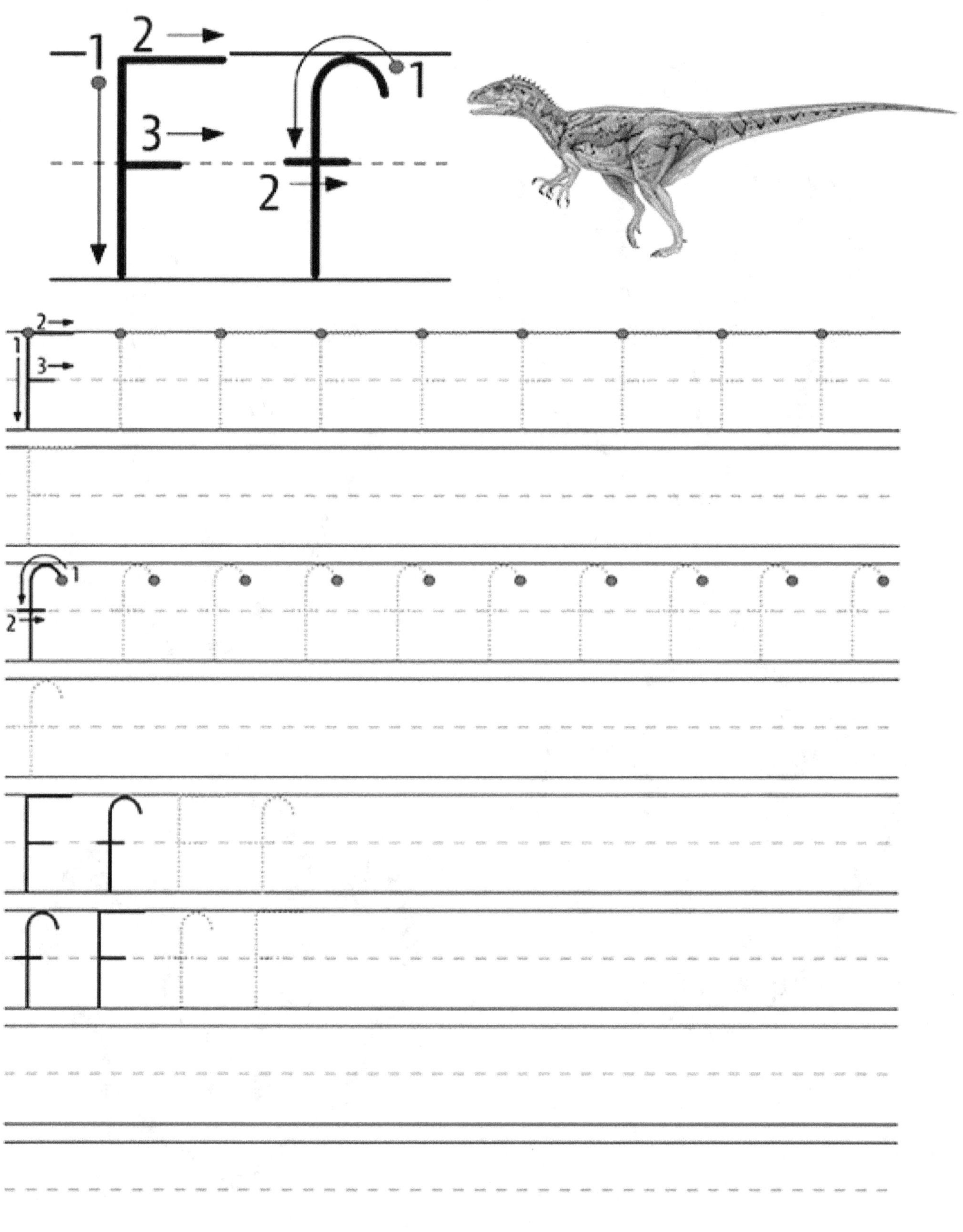

Male den Fußabdruck mit dem Groß- und Kleinbuchstaben F-f an:

GASTONIA - "VON GASTON"

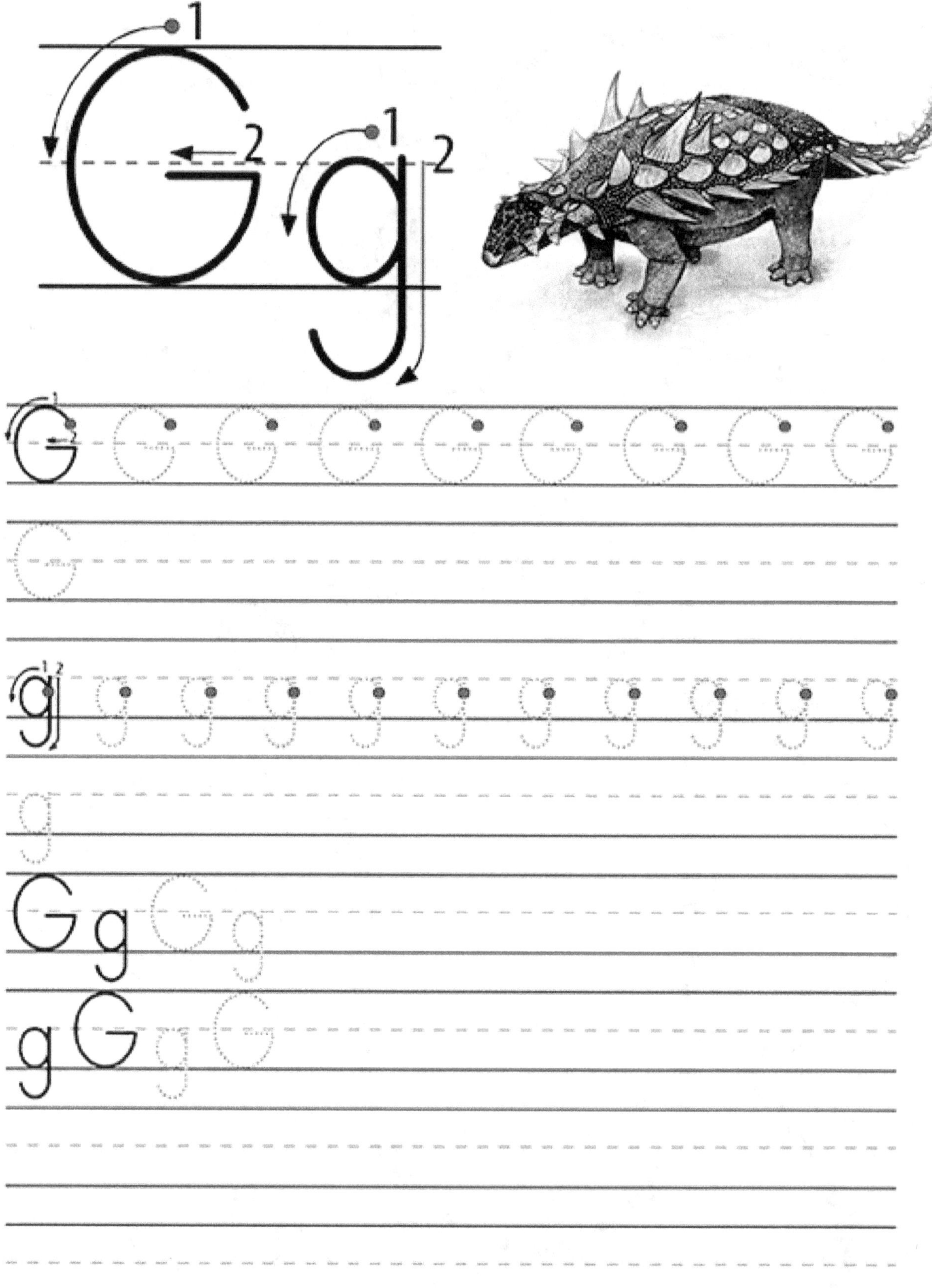

Male den Fußabdruck mit dem Groß- und Kleinbuchstaben G-g an:

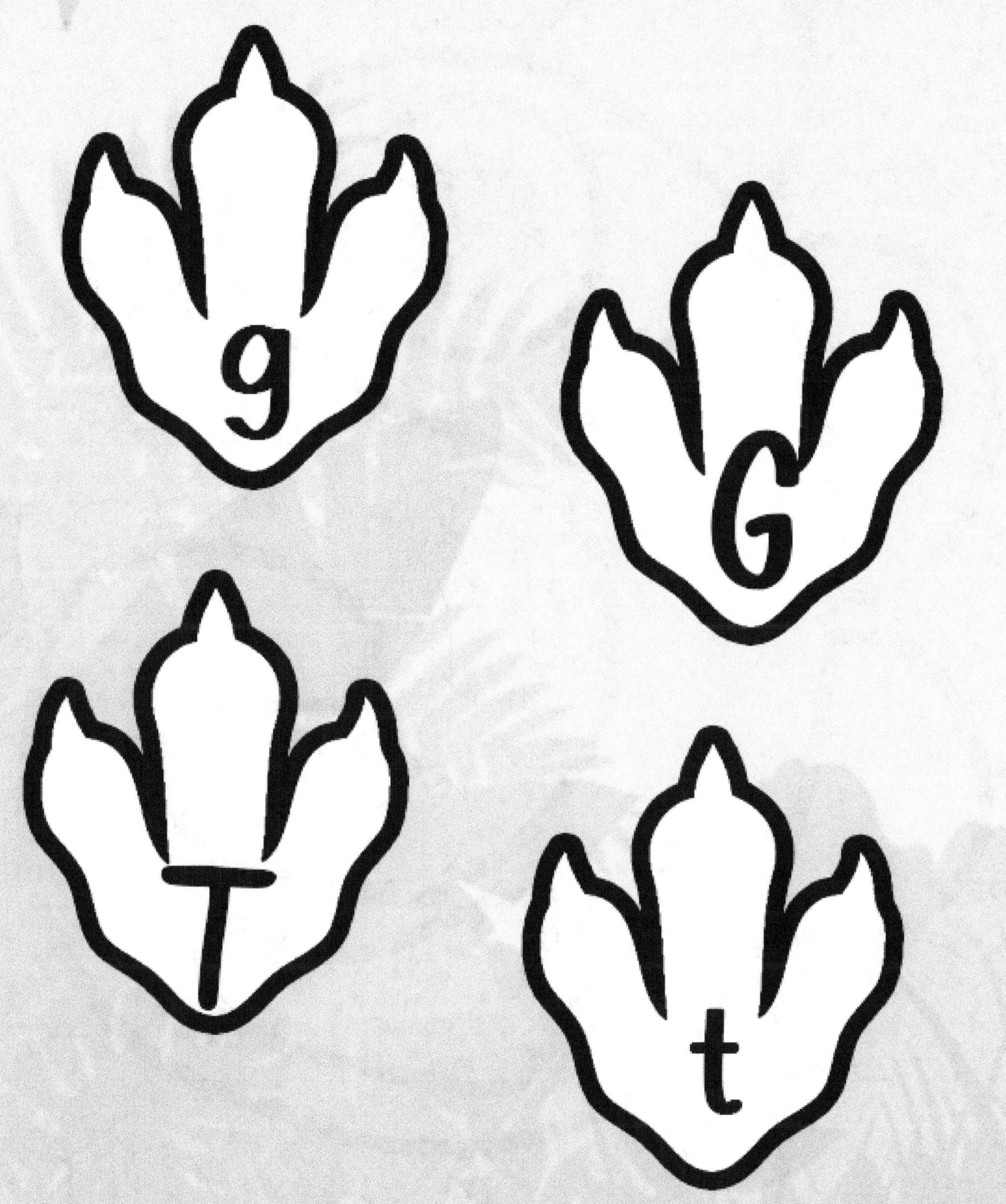

HADROSAURUS - "GROßE ECHSE"

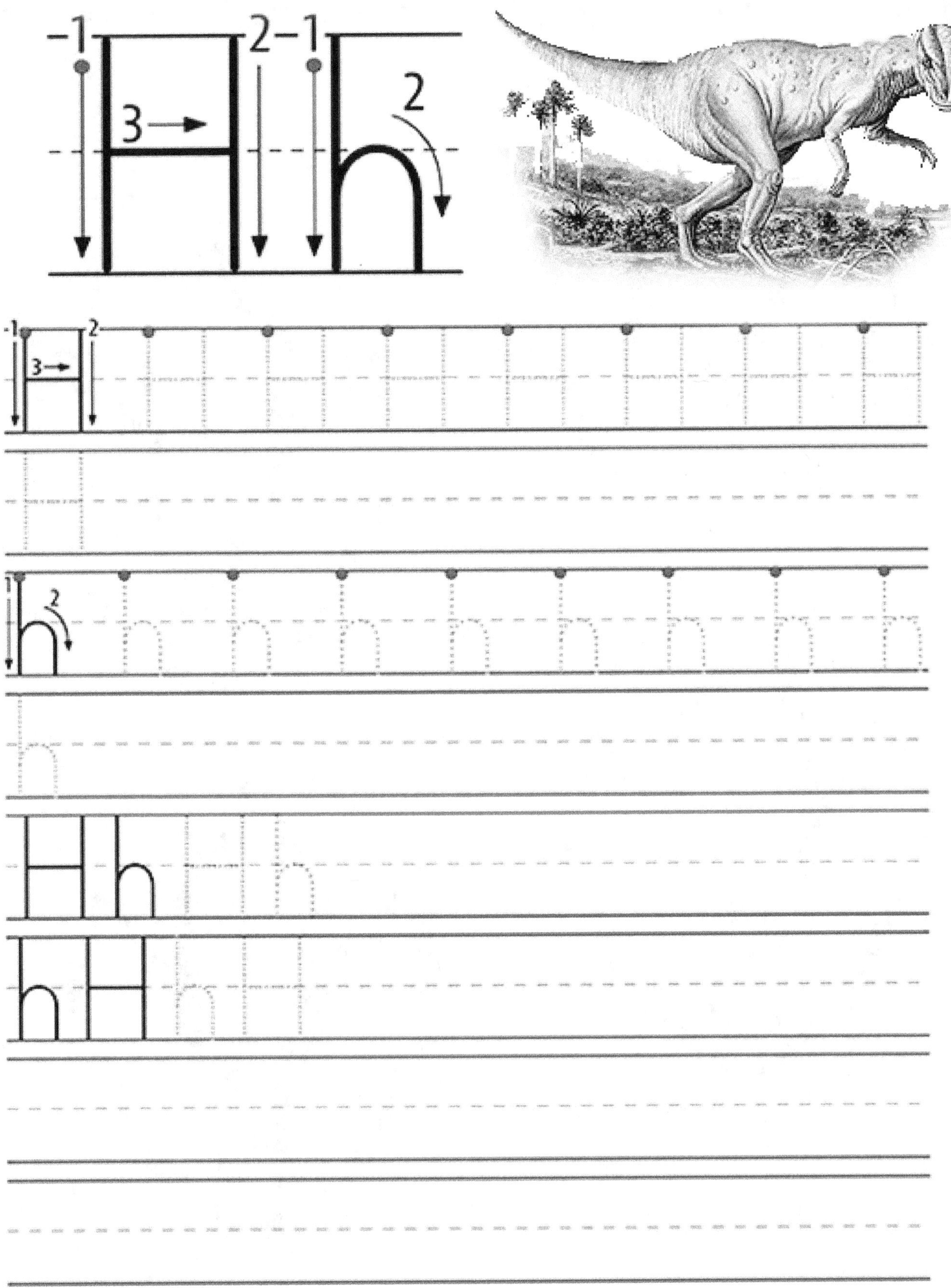

Male den Fußabdruck mit dem Groß- und Kleinbuchstaben H–h an:

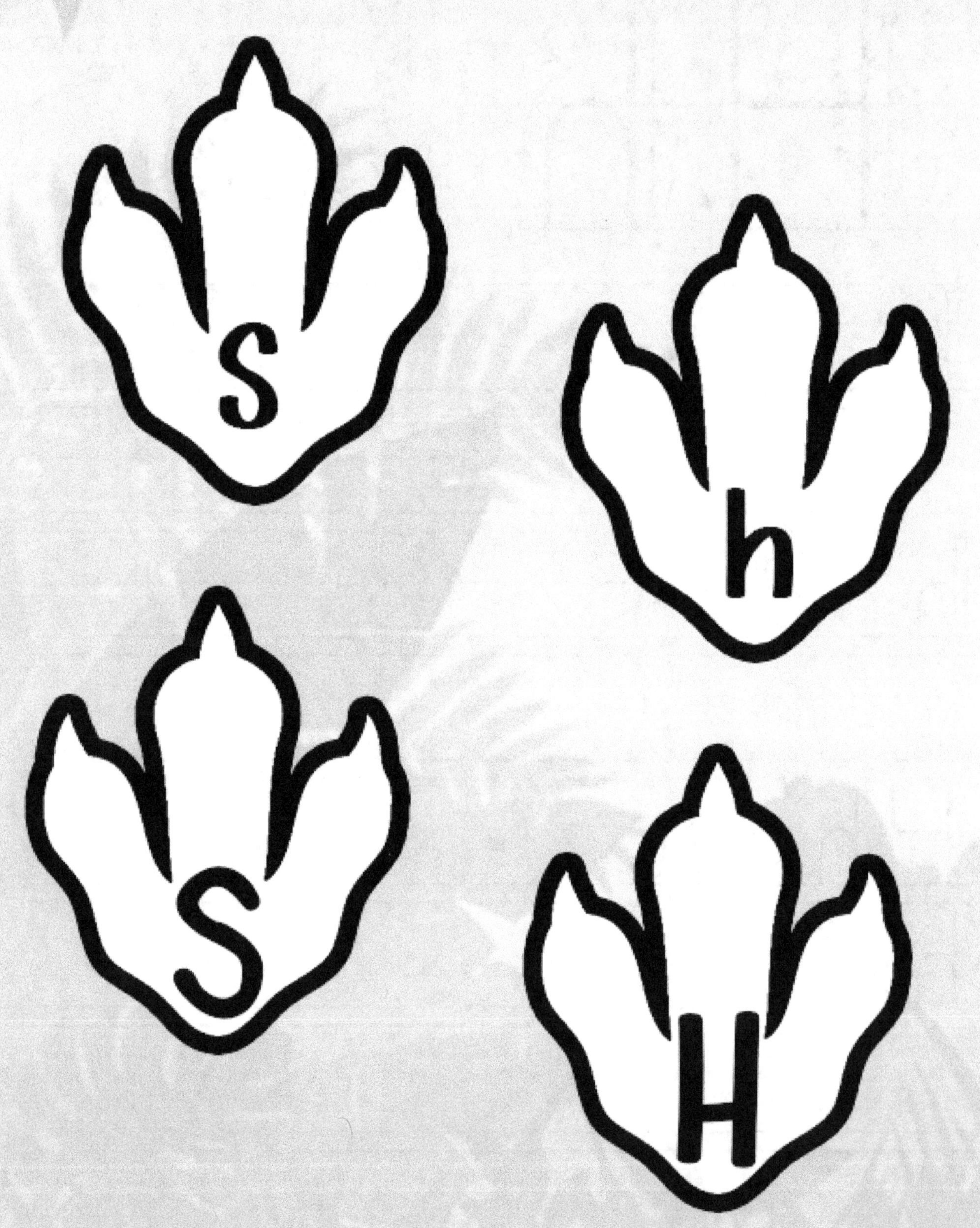

IGUANODON - "LEGUANZAHN"

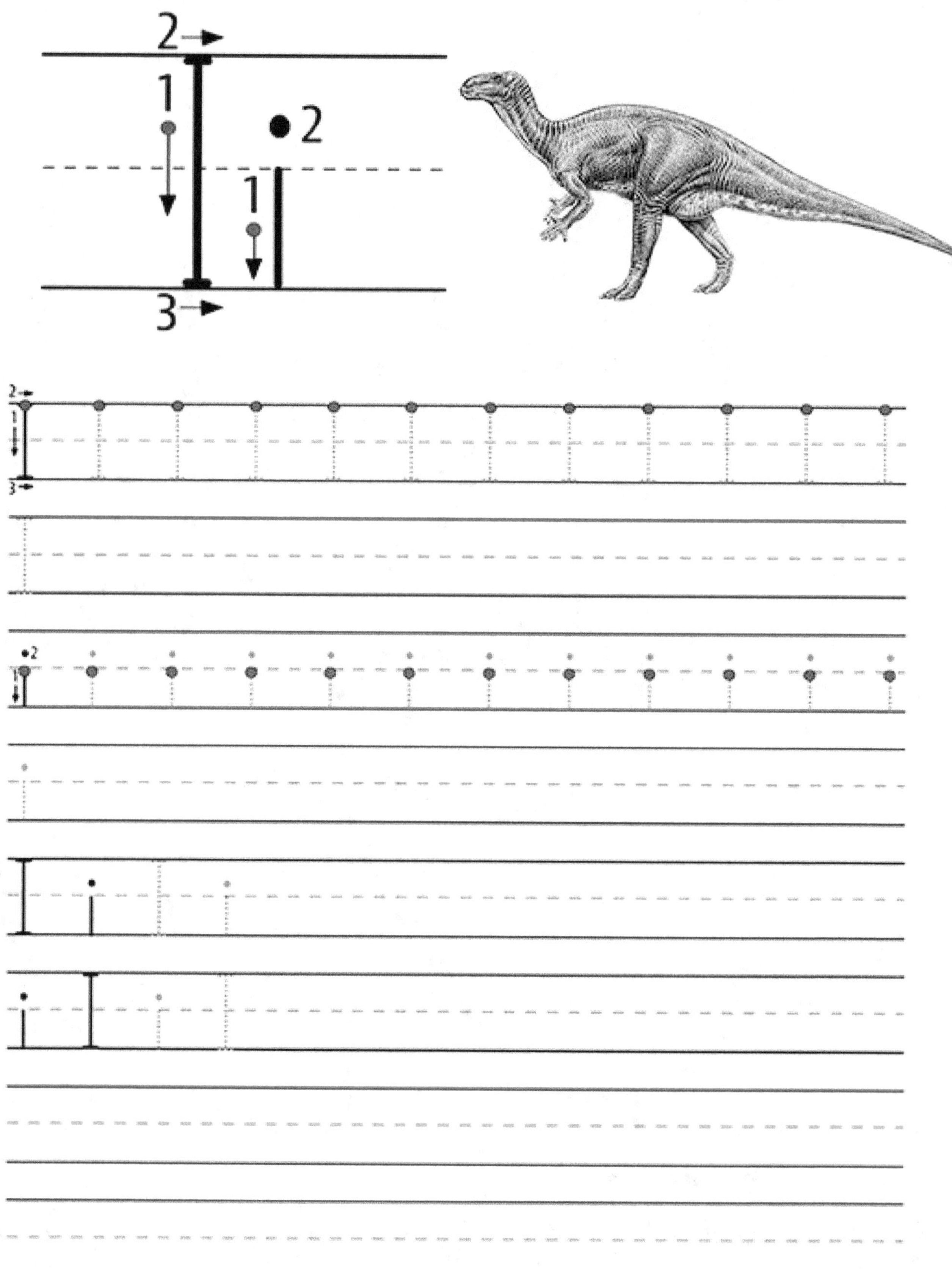

Male den Fußabdruck mit dem
Groß- und Kleinbuchstaben I-i an:

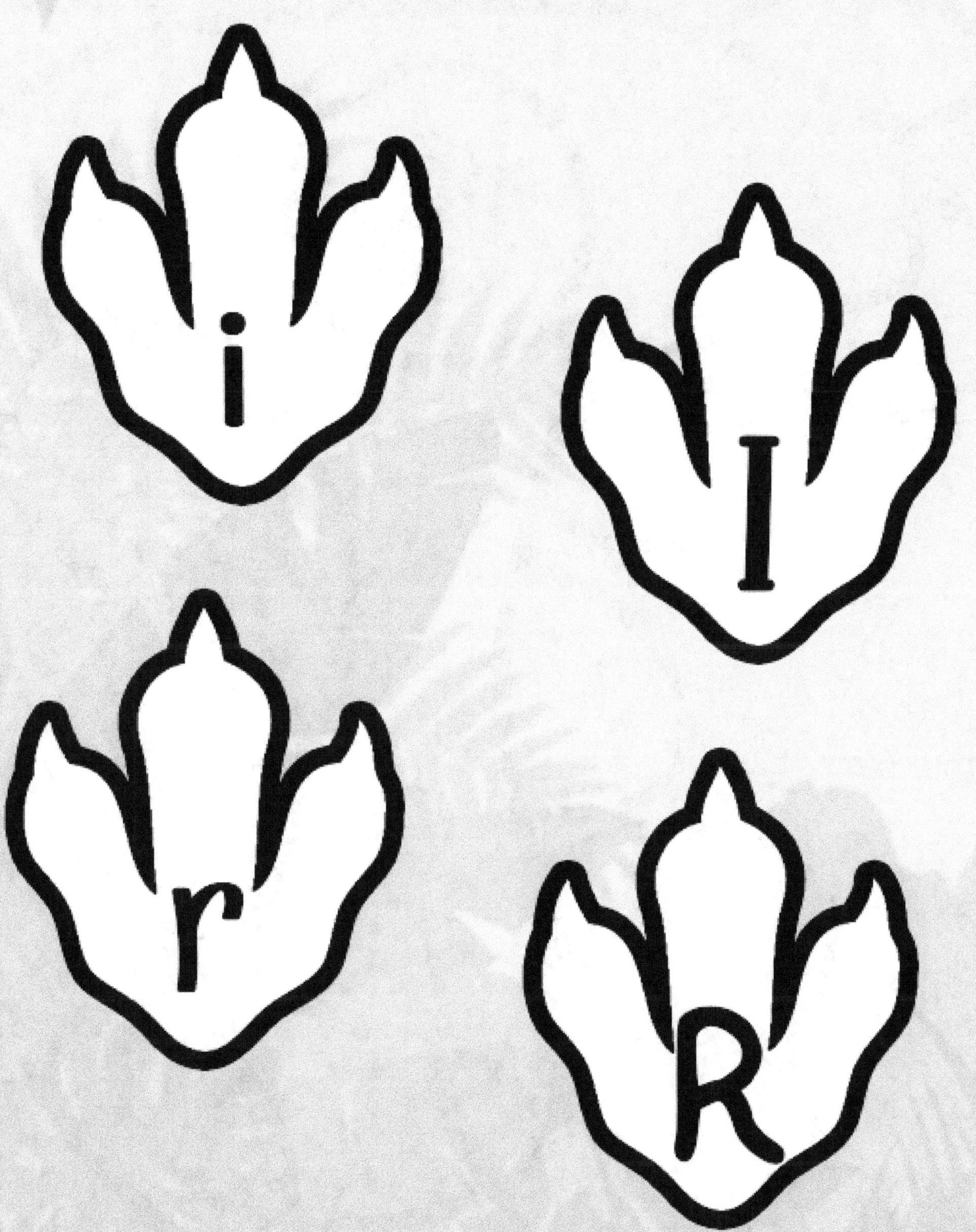

JANENSCHIA - "FÜR JANENSCH"

Male den Fußabdruck mit dem Groß- und Kleinbuchstaben J-j an:

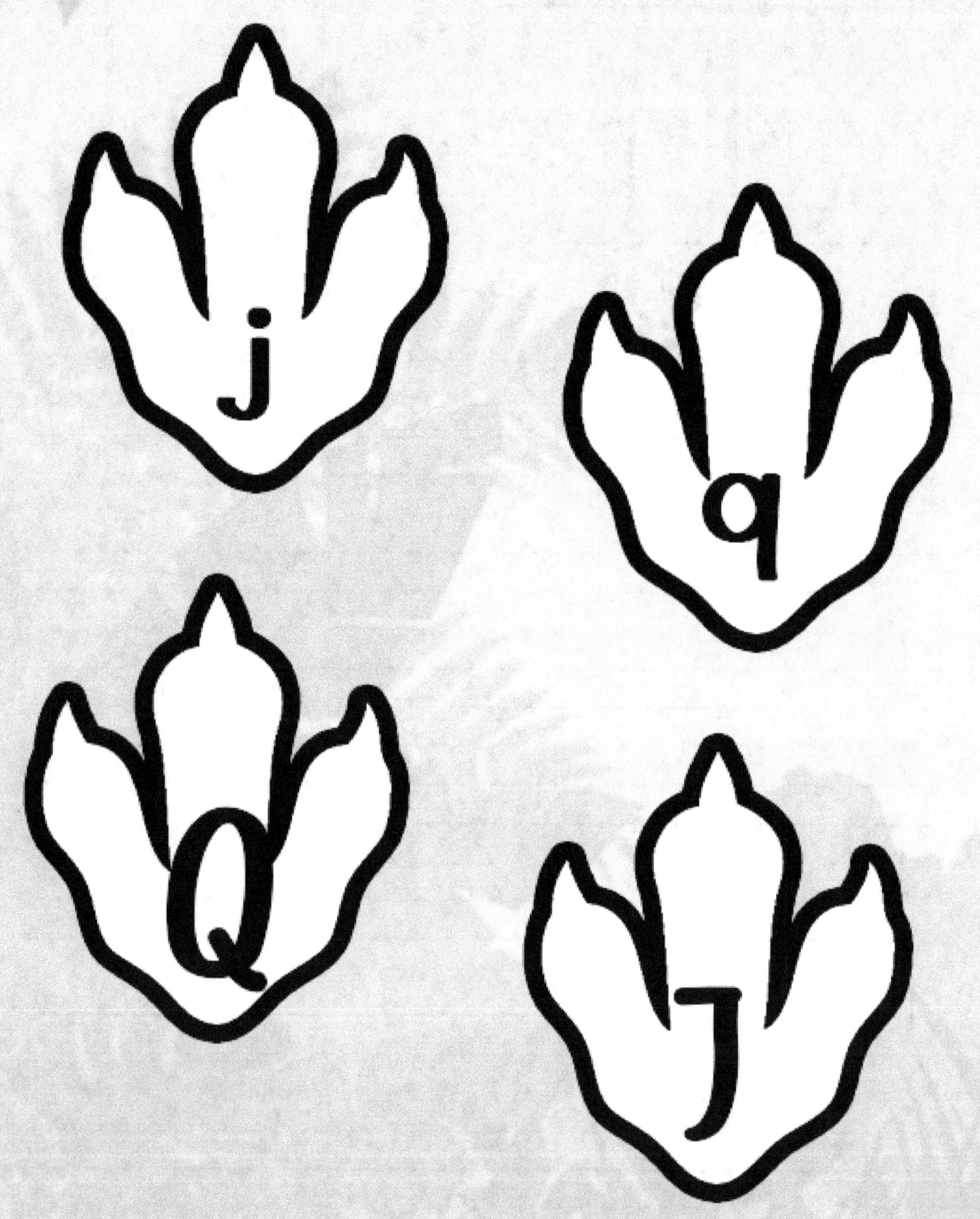

KRITOSAURUS
"ABGESONDERTE ECHSE"

Male den Fußabdruck mit dem Groß- und Kleinbuchstaben K-k an:

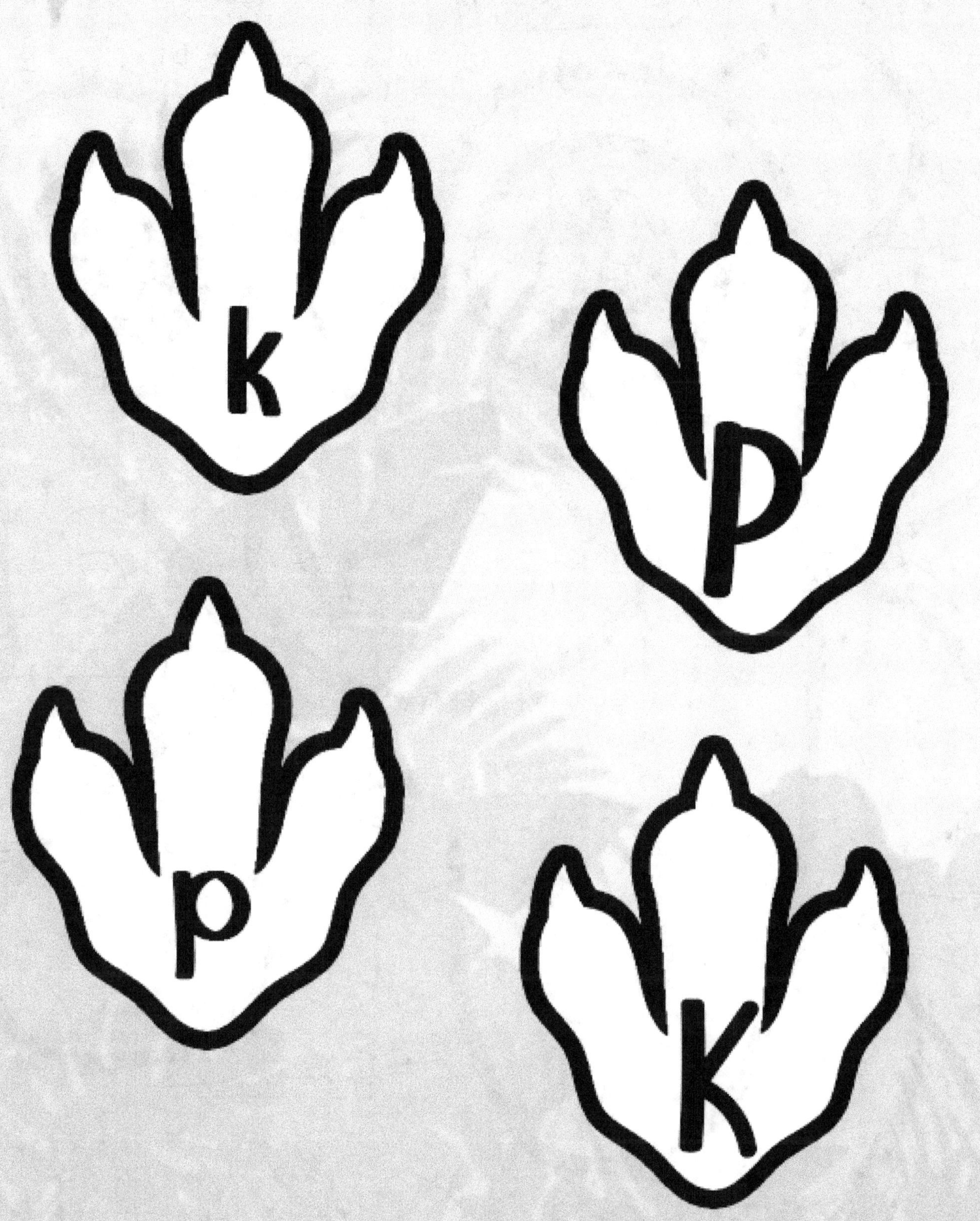

LIMUSAURUS - "SCHLAMM-ECHSE"

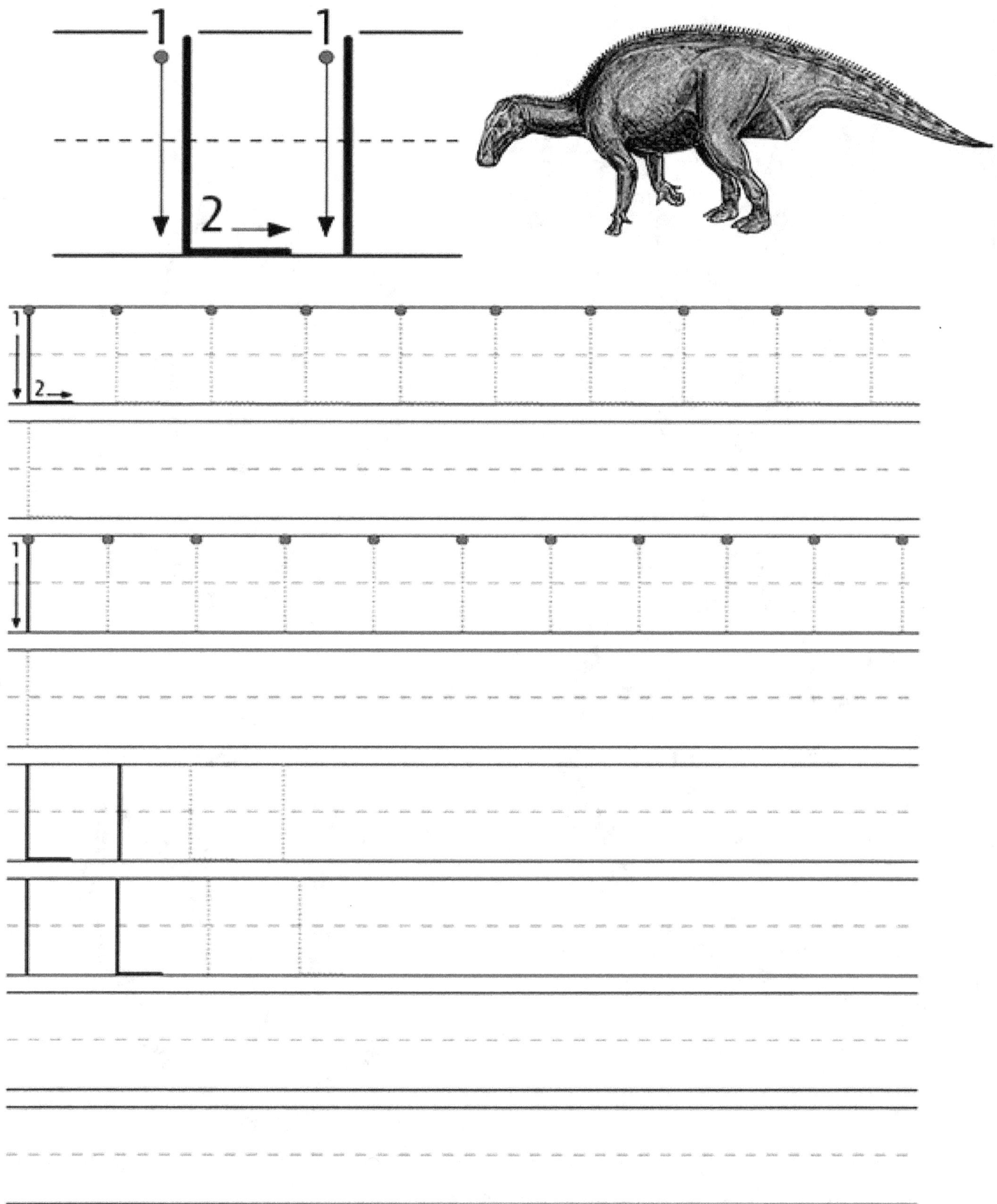

Male den Fußabdruck mit dem Groß- und Kleinbuchstaben L-l an:

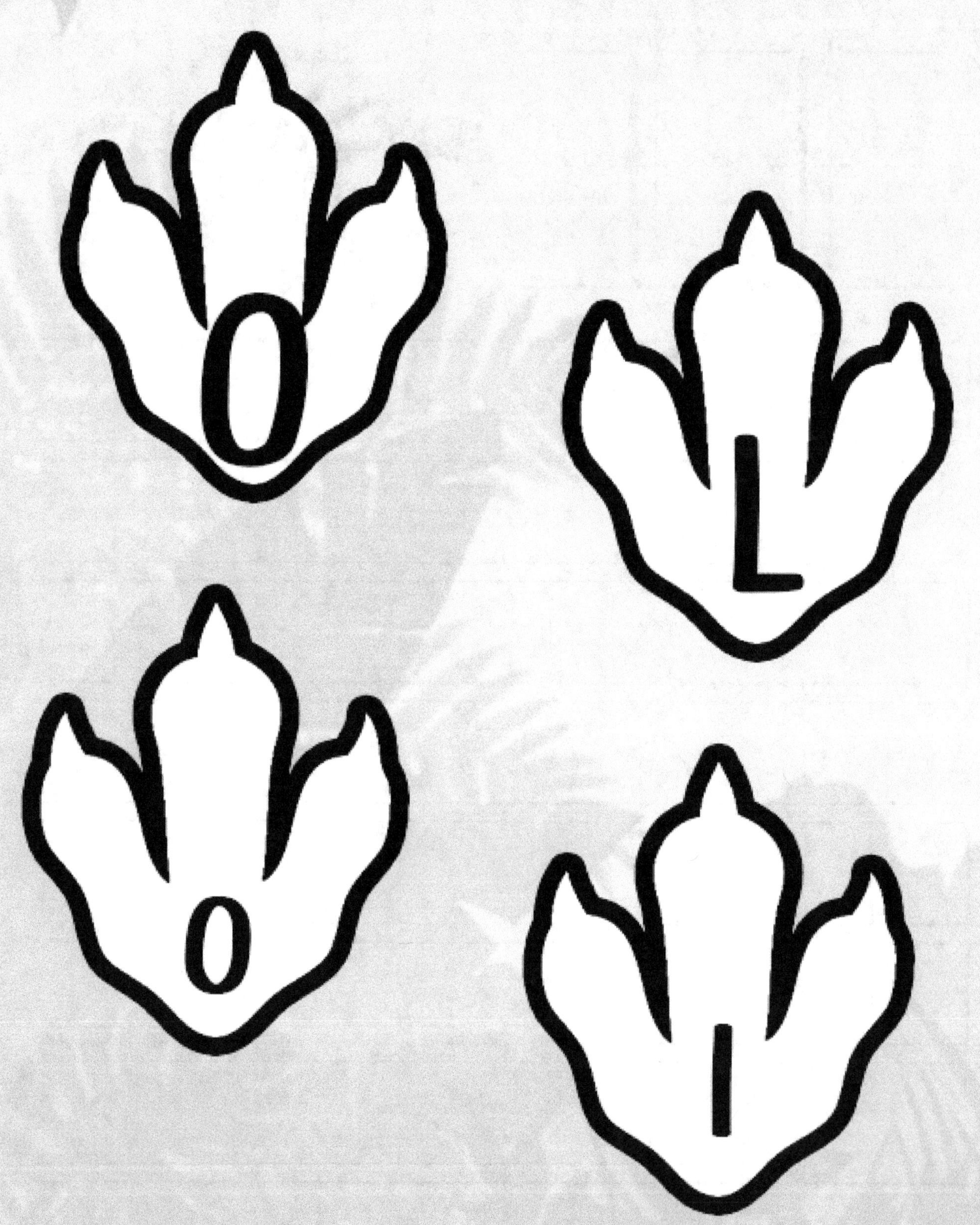

MICROCERATUS - "KLEINES HORN"

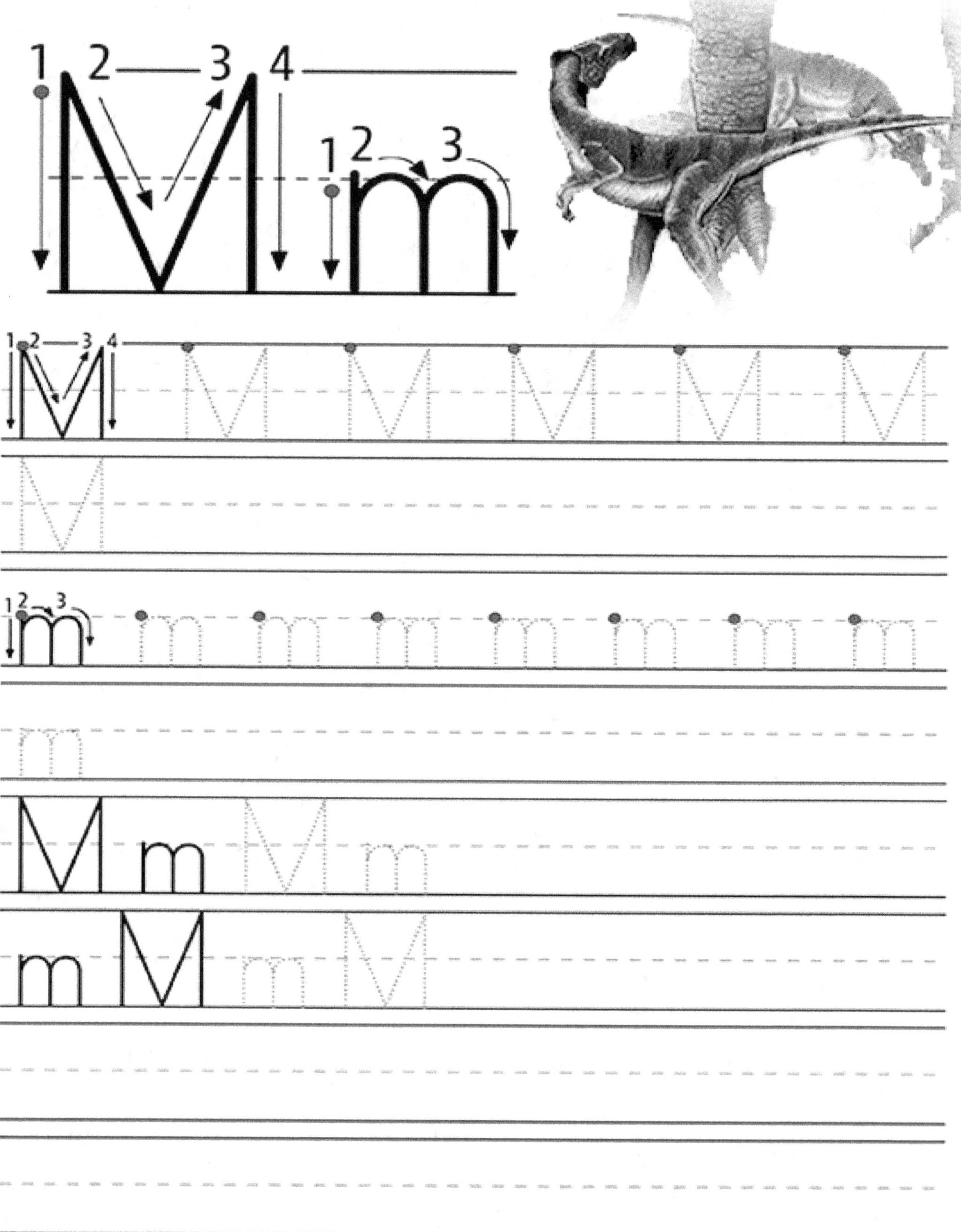

Male den Fußabdruck mit dem
Groß- und Kleinbuchstaben M-m an:

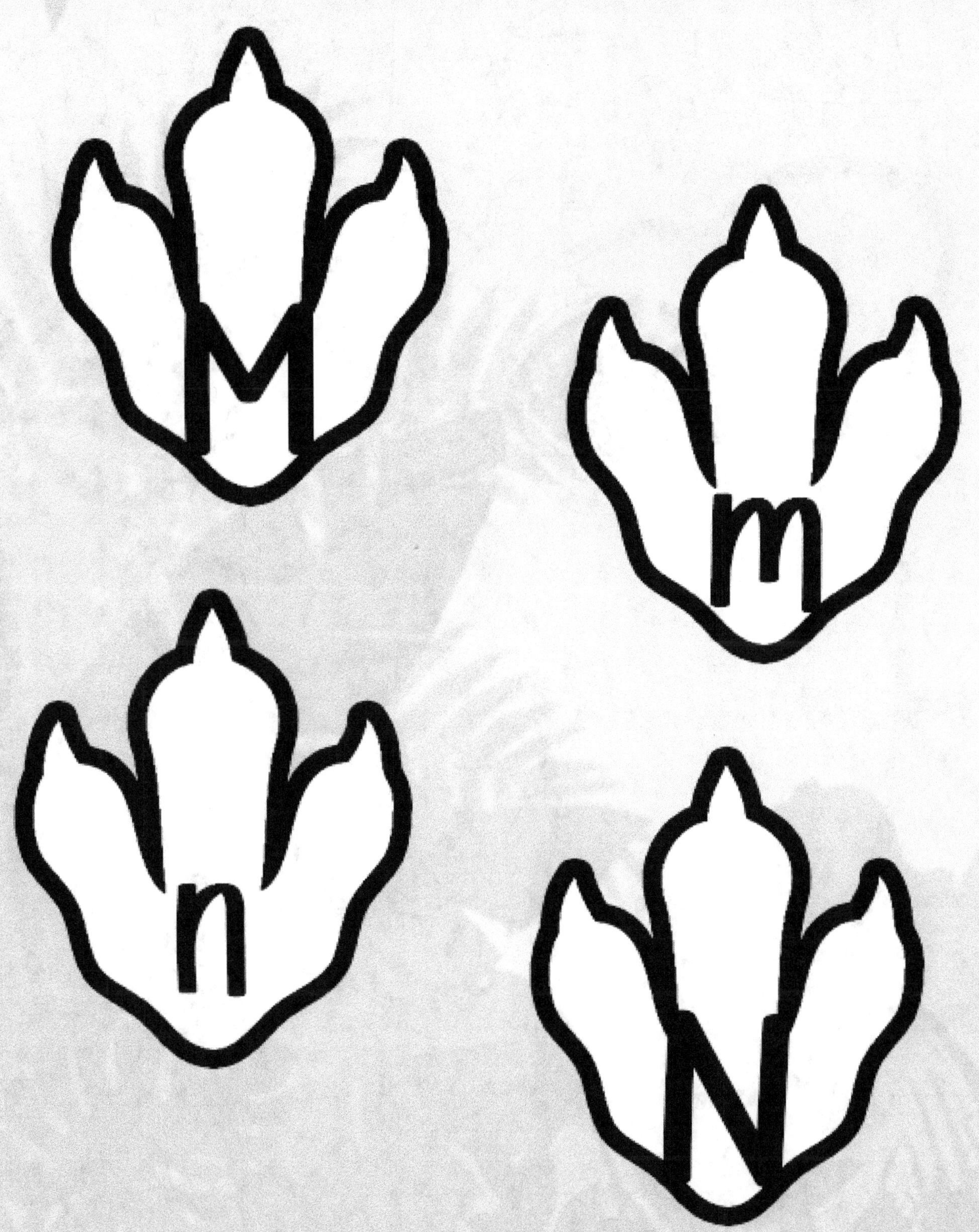

NYASASAURUS – "ECHSE VOM MALAWISEE"

Male den Fußabdruck mit dem
Groß- und Kleinbuchstaben N-n an:

OVIRAPTOR - "EIRÄUBER"

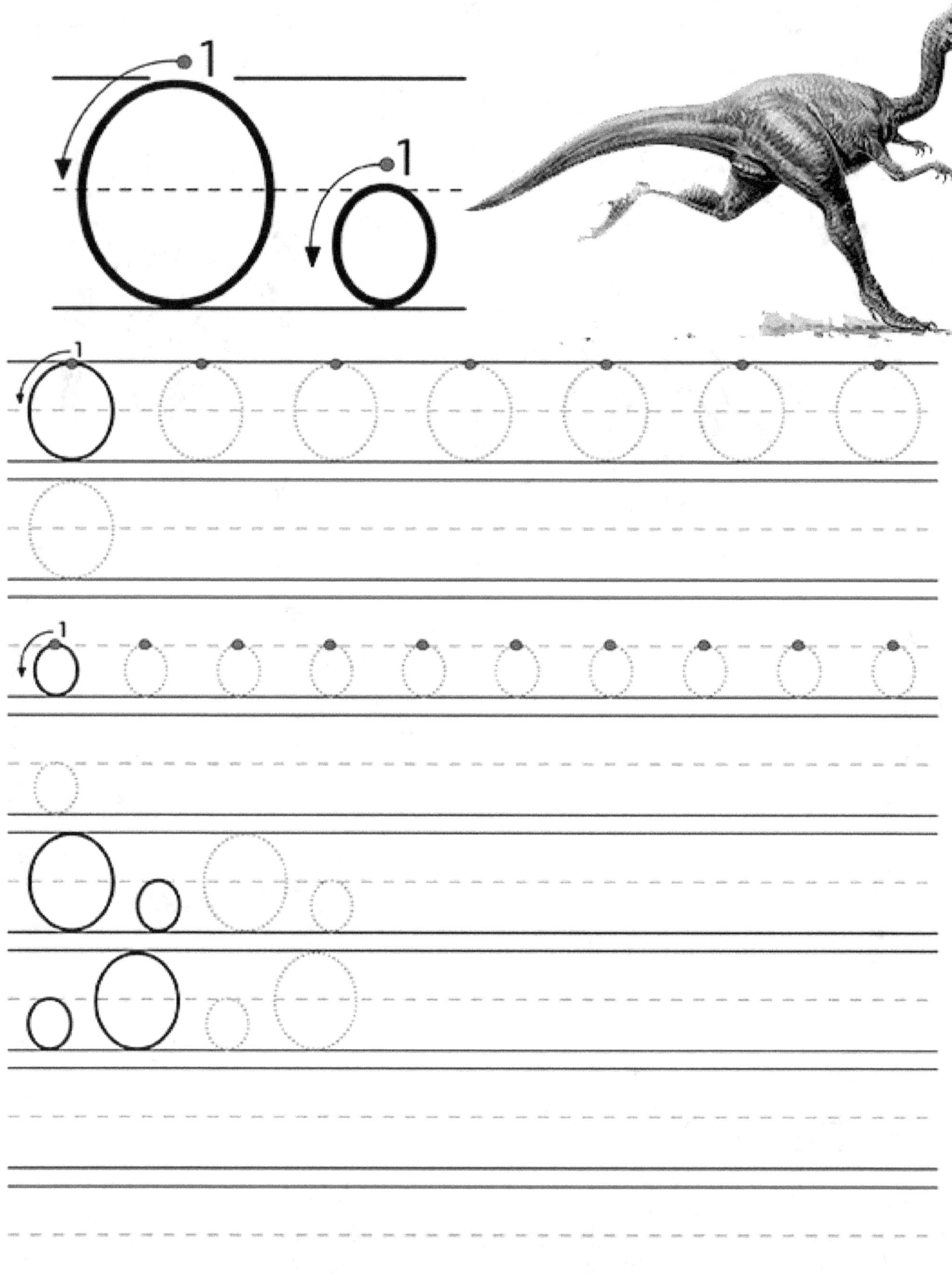

Male den Fußabdruck mit dem Groß- und Kleinbuchstaben O-o an:

PEGOMASTAX - "STARKES GEBISS"

Male den Fußabdruck mit dem
Groß- und Kleinbuchstaben P-p an:

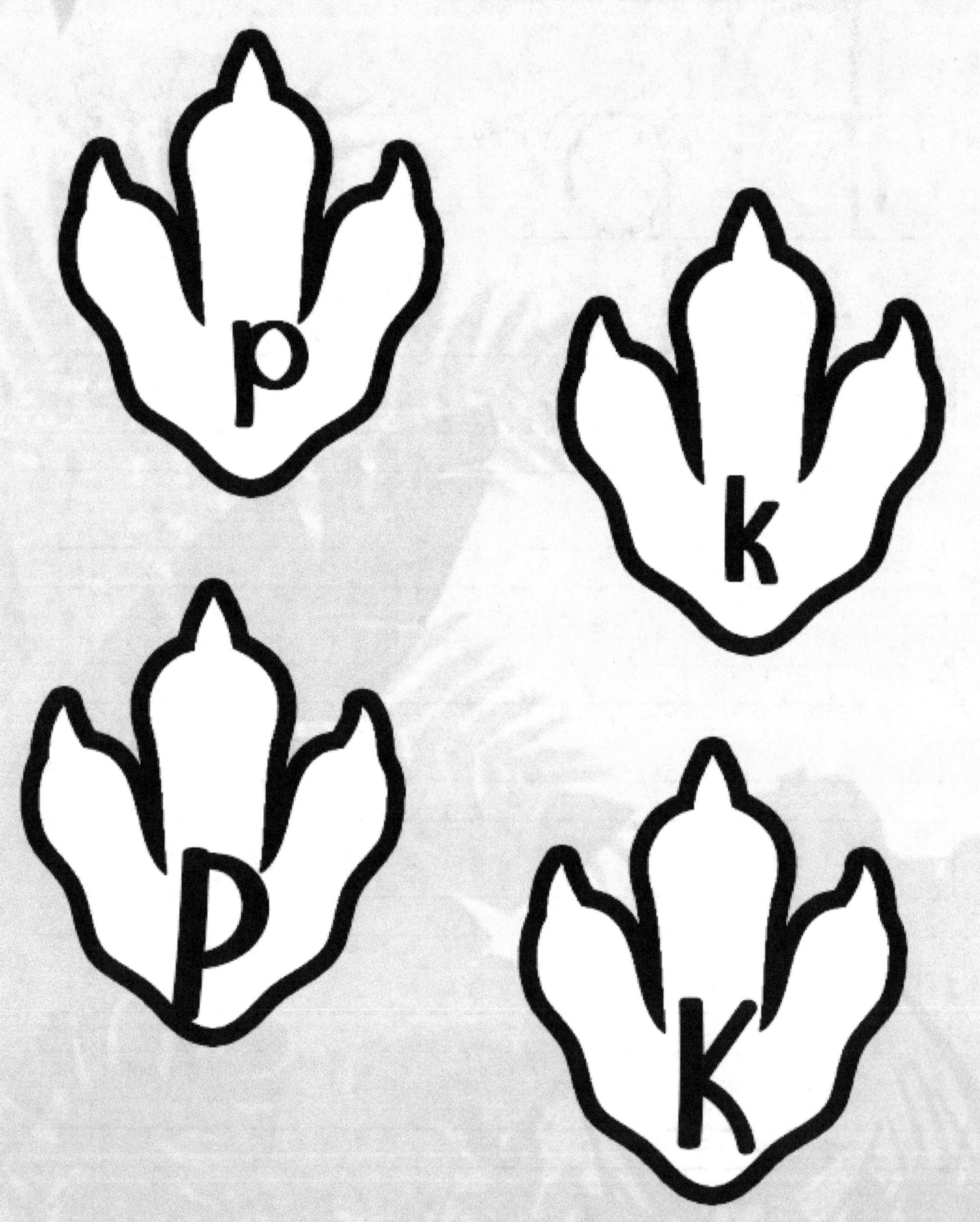

QIJIANGLONG
"DRACHE AUS (DEM BEZIRK) QIJIANG"

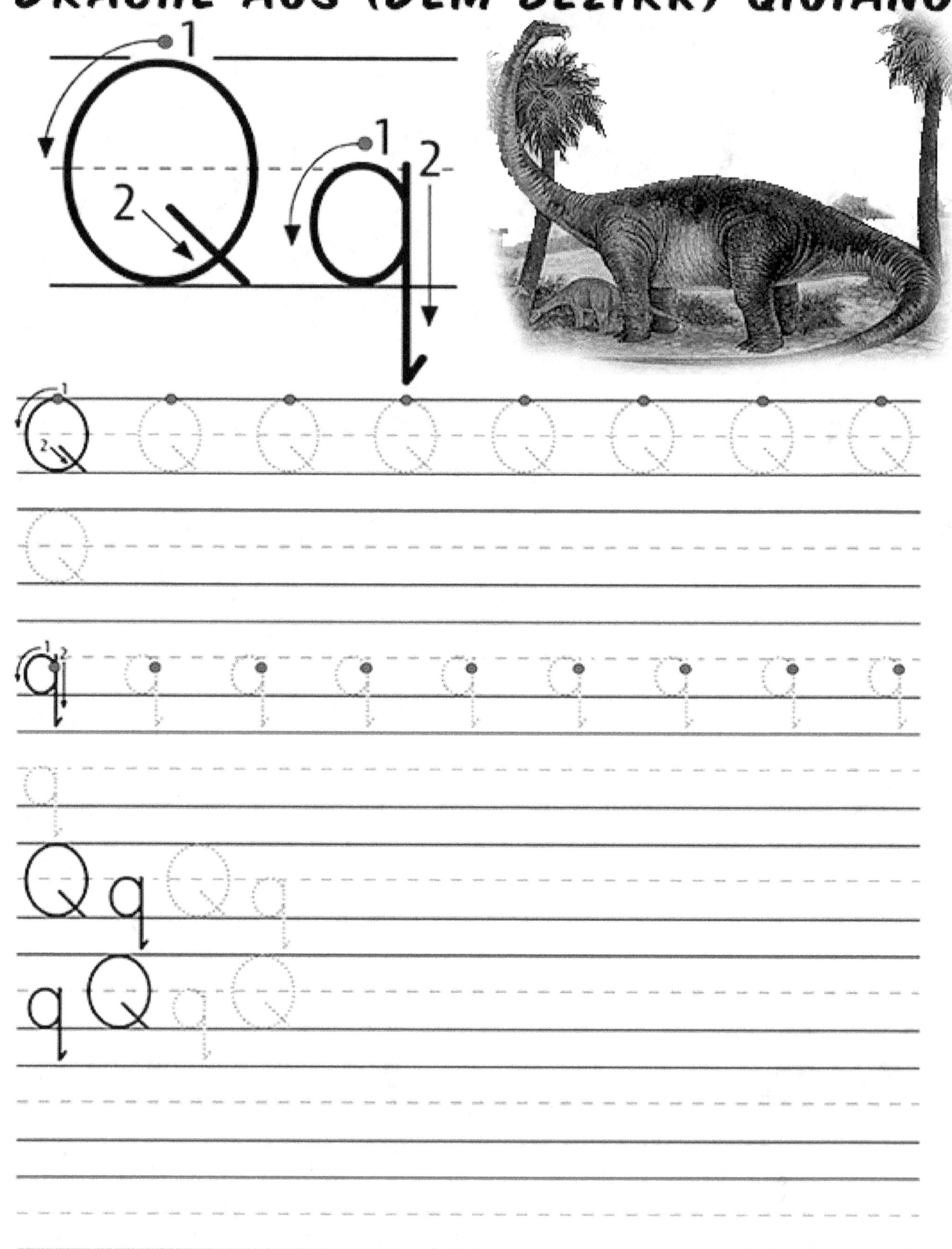

Male den Fußabdruck mit dem Groß- und Kleinbuchstaben Q-q an:

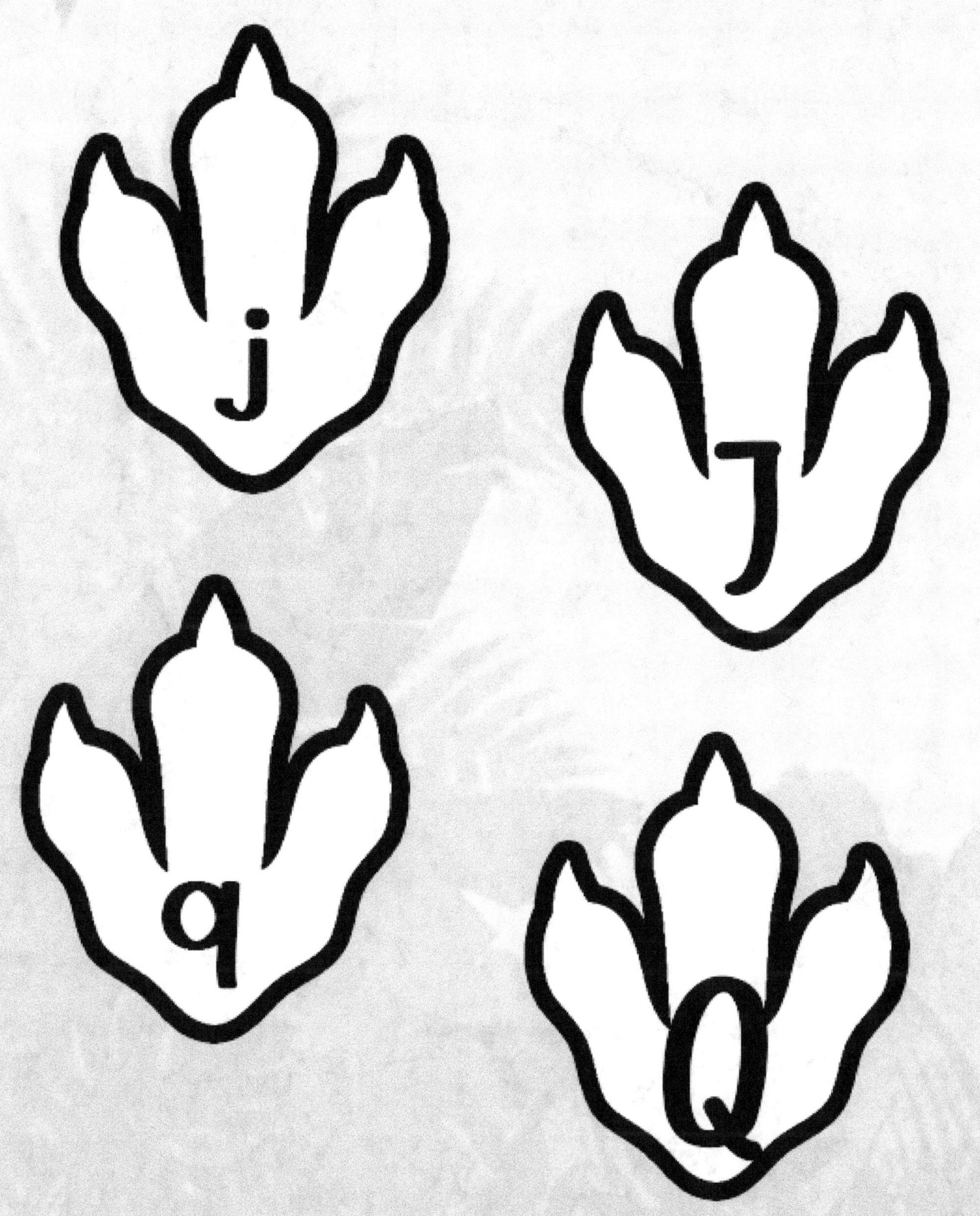

RUGOPS – "RUNZELGESICHT"

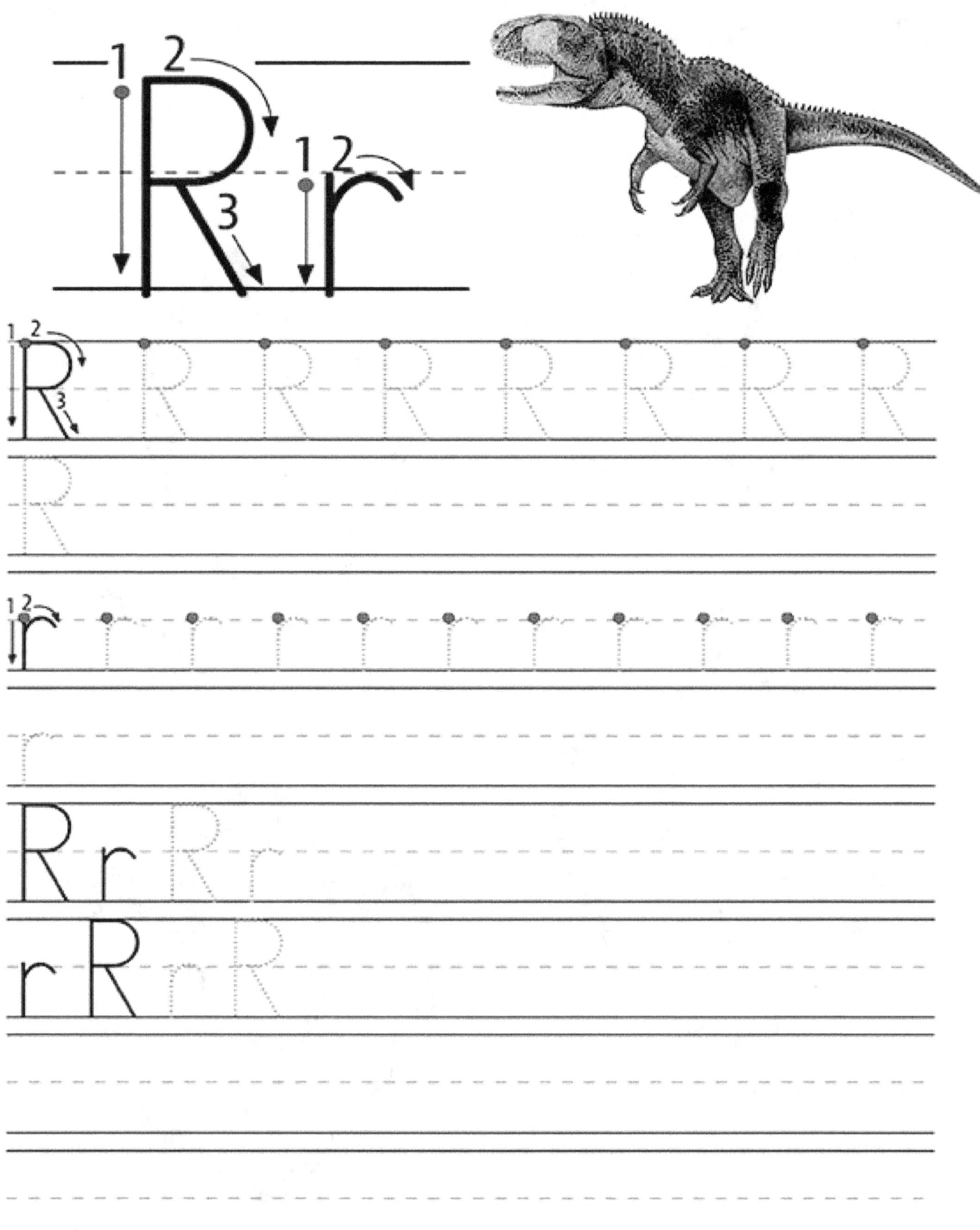

Male den Fußabdruck mit dem
Groß- und Kleinbuchstaben R-r an:

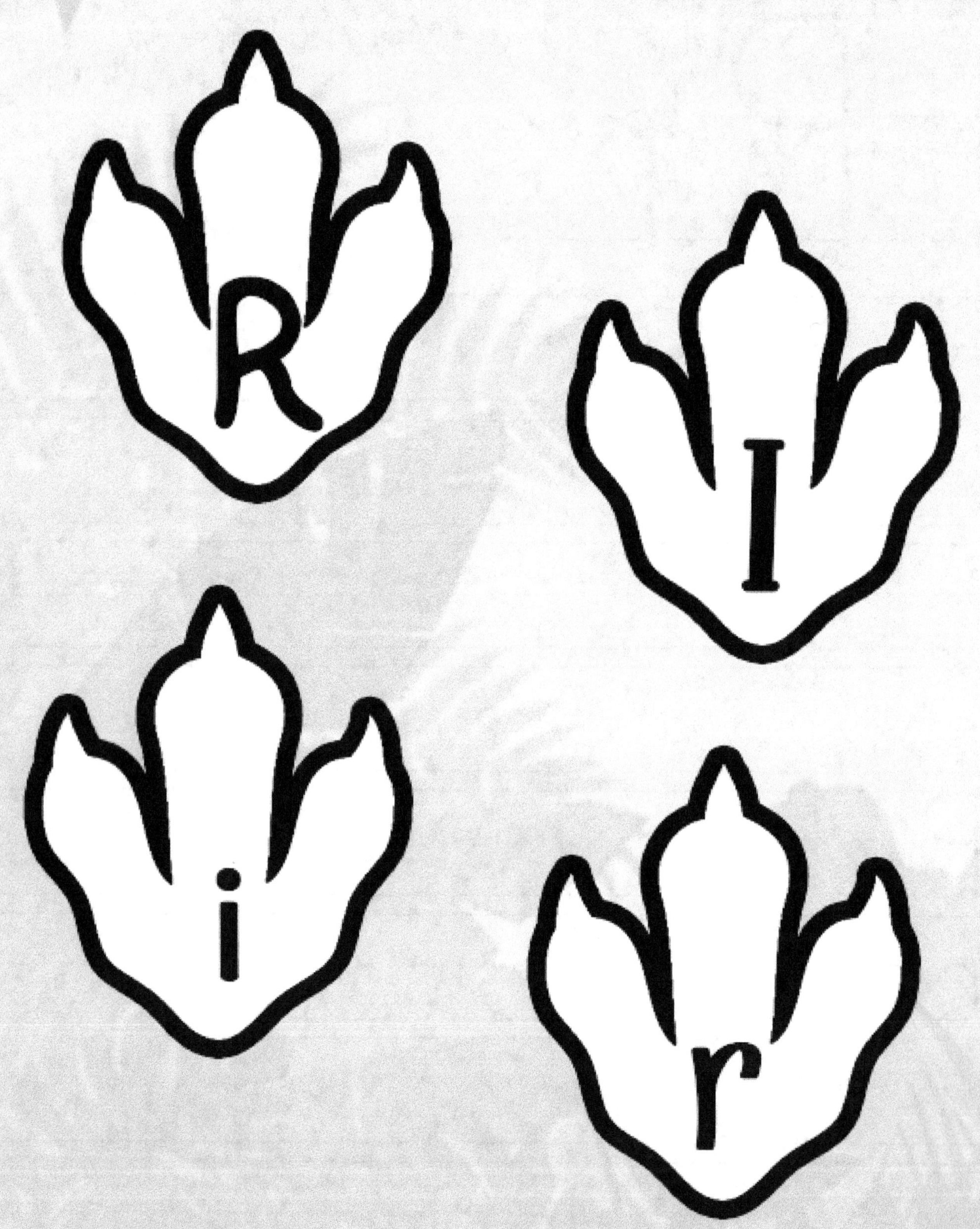

SALTOPUS – "HÜPFENDER FUß"

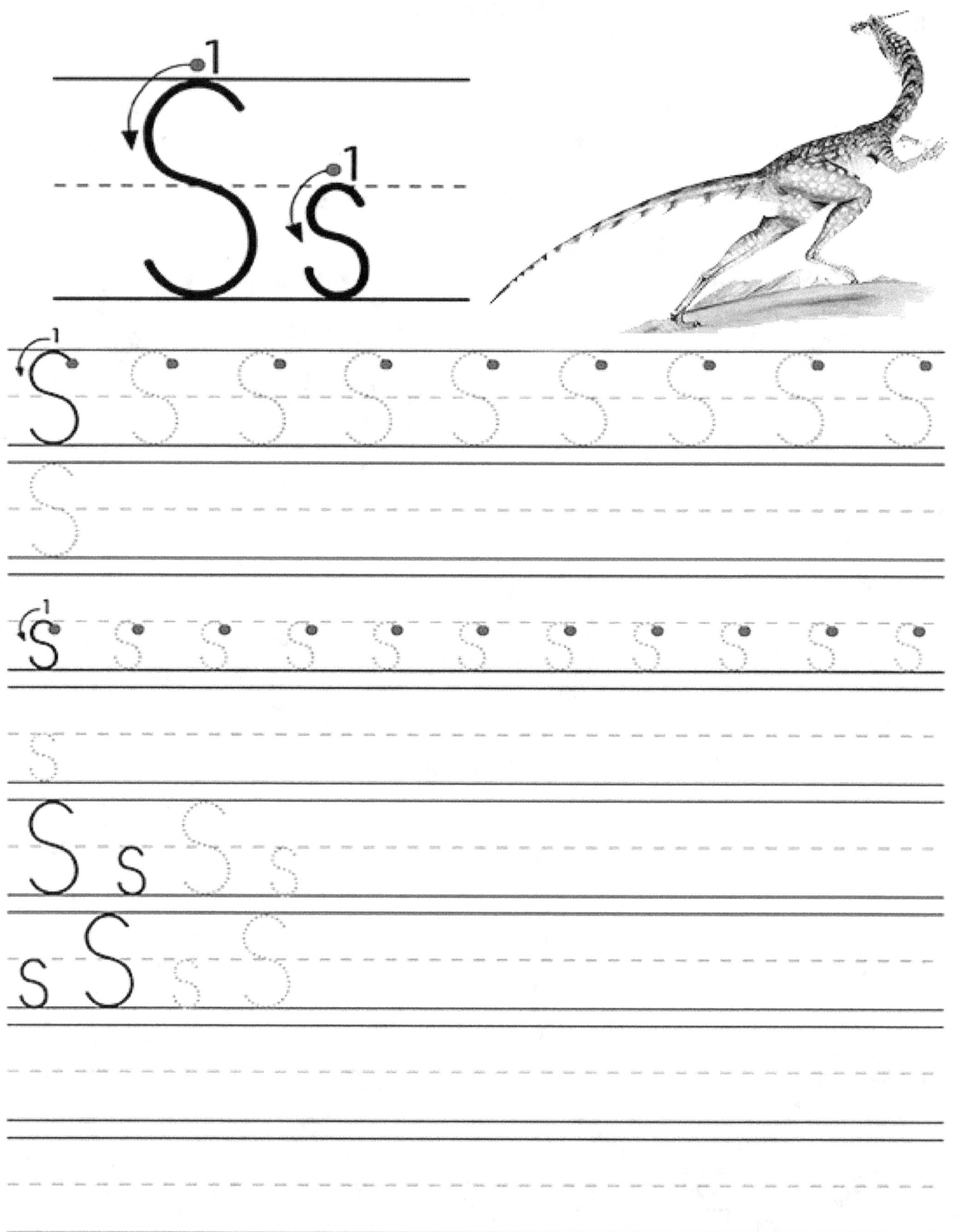

Male den Fußabdruck mit dem
Groß- und Kleinbuchstaben S-s an:

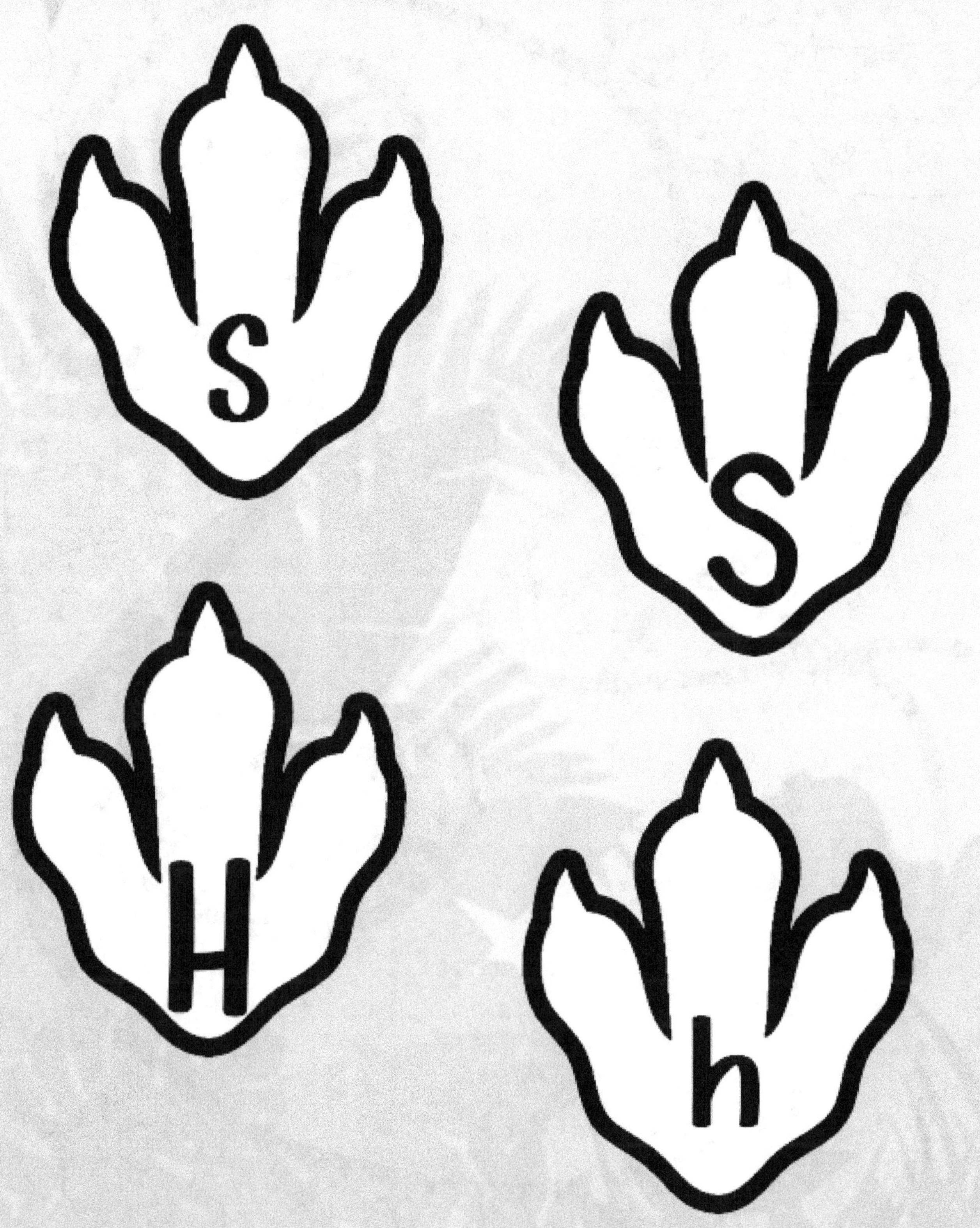

TELMATOSAURUS - "SUMPFECHSE"

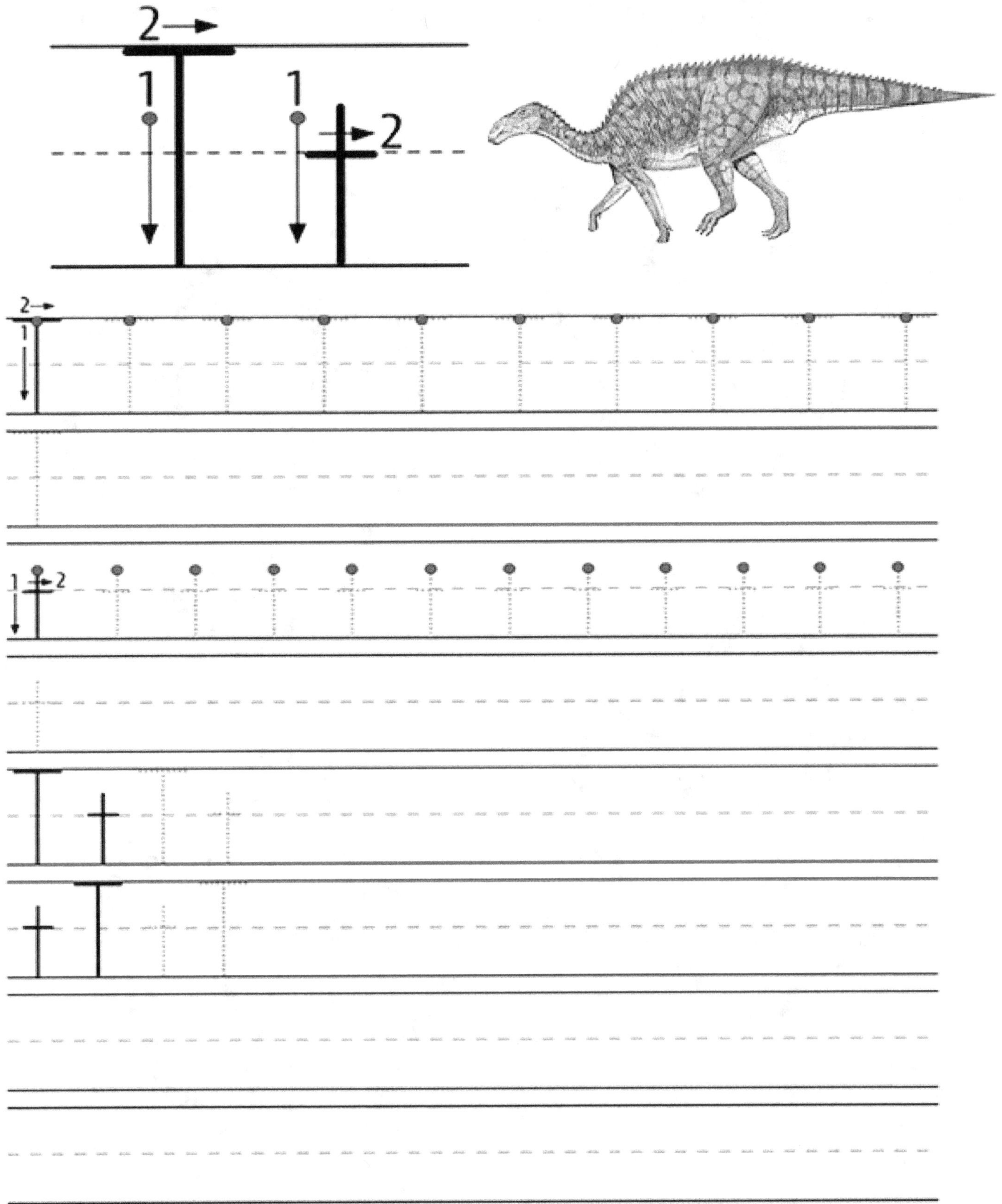

Male den Fußabdruck mit dem
Groß- und Kleinbuchstaben T-t an:

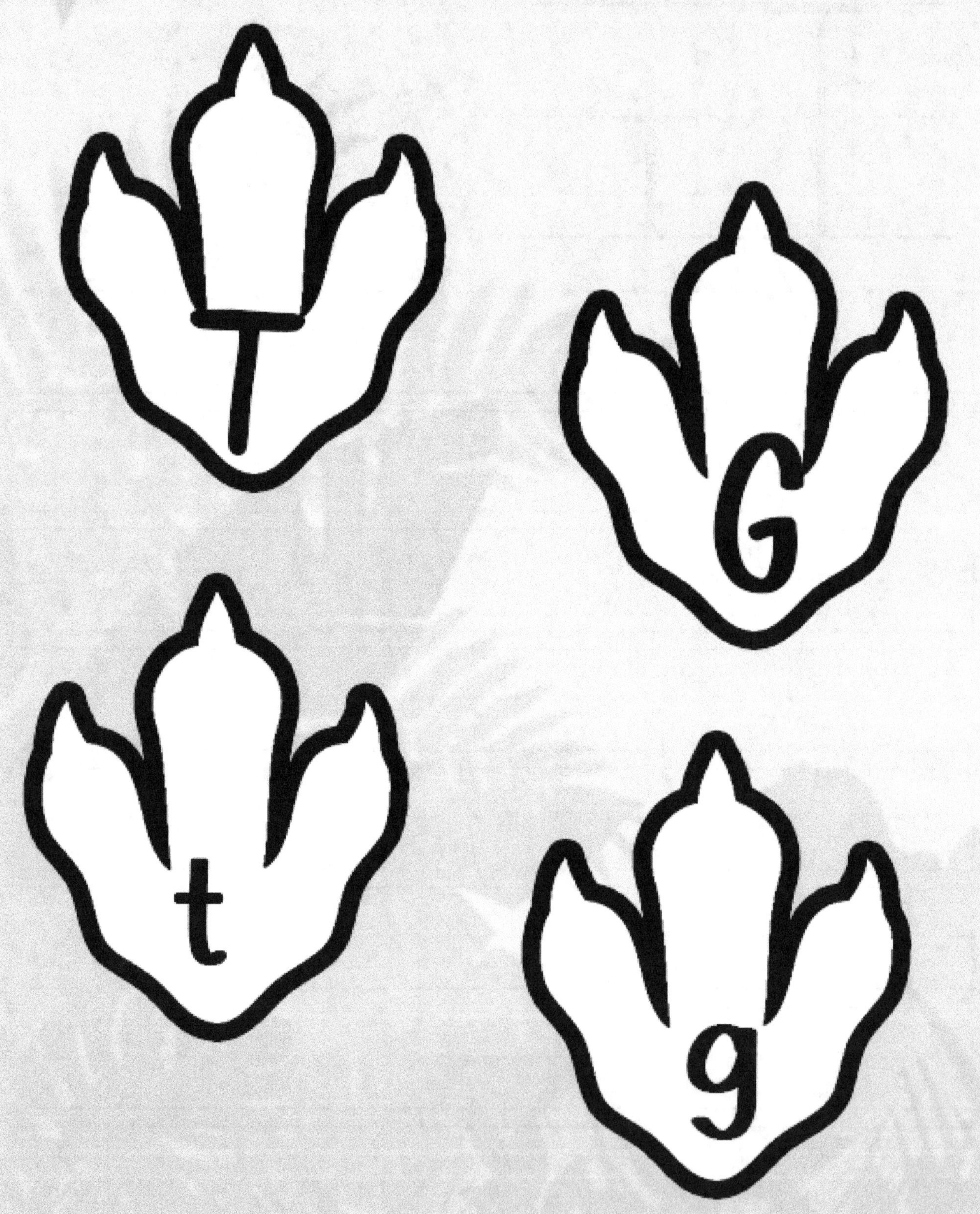

UTAHRAPTOR
"RÄUBER AUS UTAH"

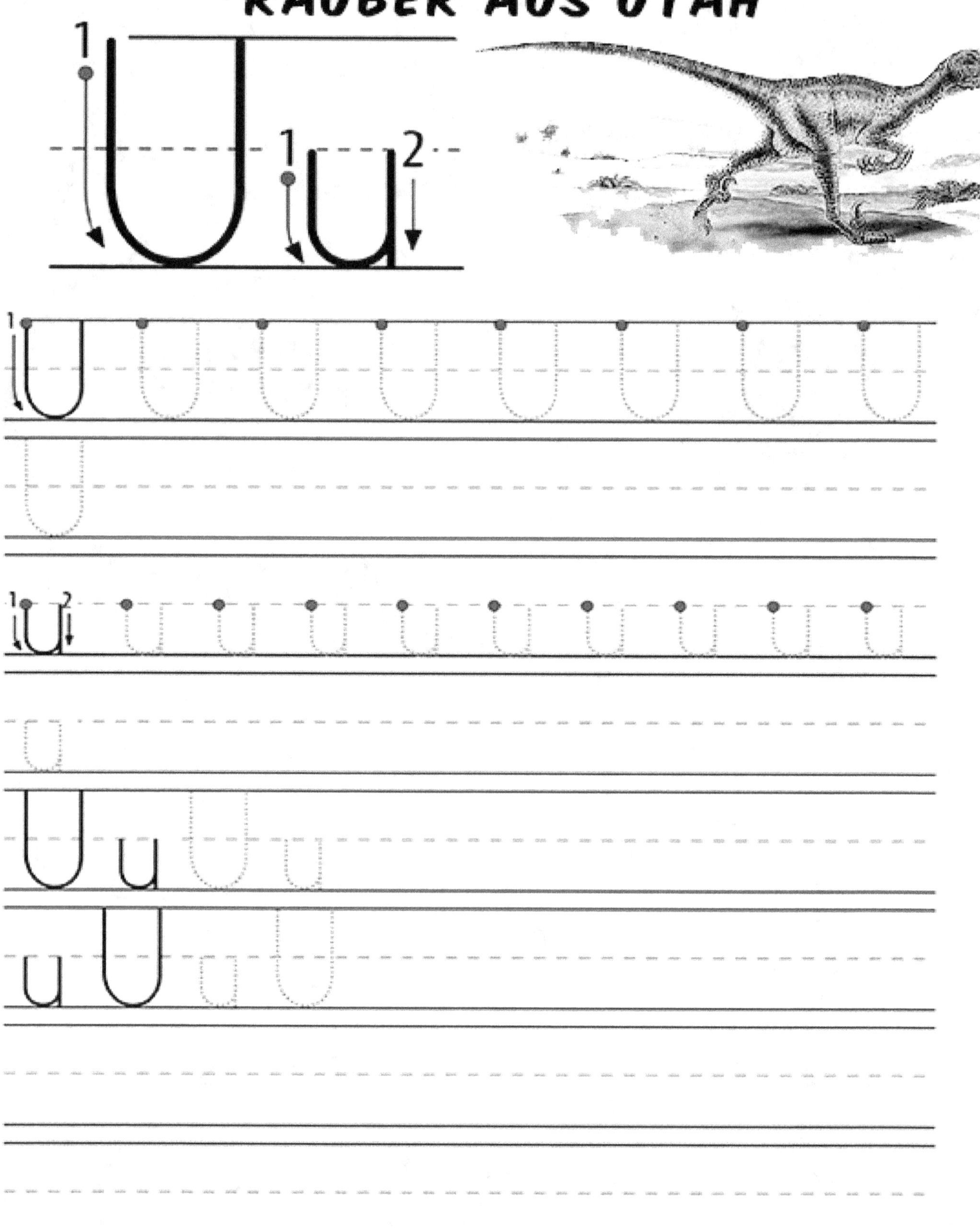

Male den Fußabdruck mit dem Groß- und Kleinbuchstaben U-u an:

VELOCIRAPTOR - "SCHNELLER RÄUBER"

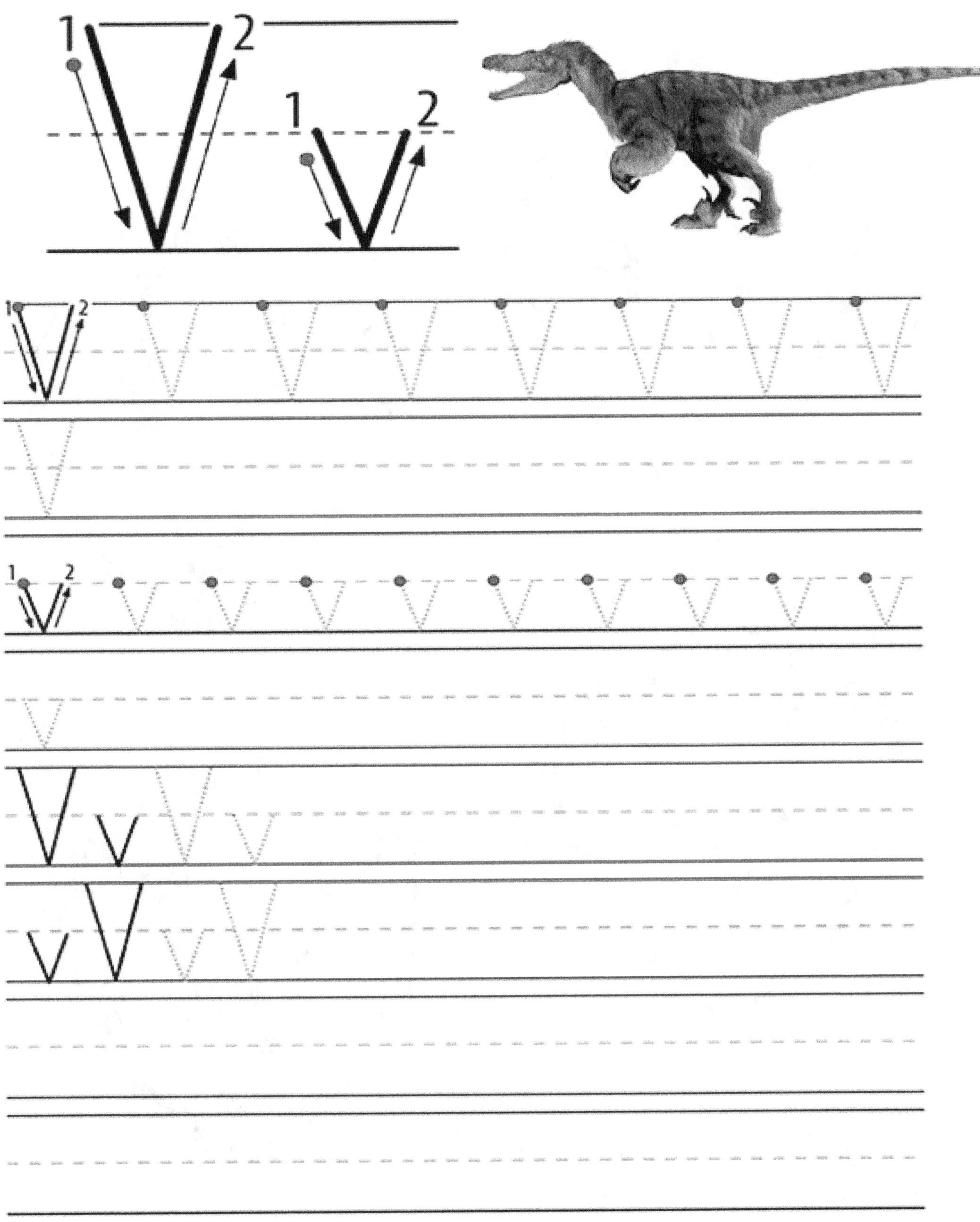

Male den Fußabdruck mit dem
Groß- und Kleinbuchstaben V-v an:

WAMWERACAUDIA
"SCHWANZ DER WAMWERA"

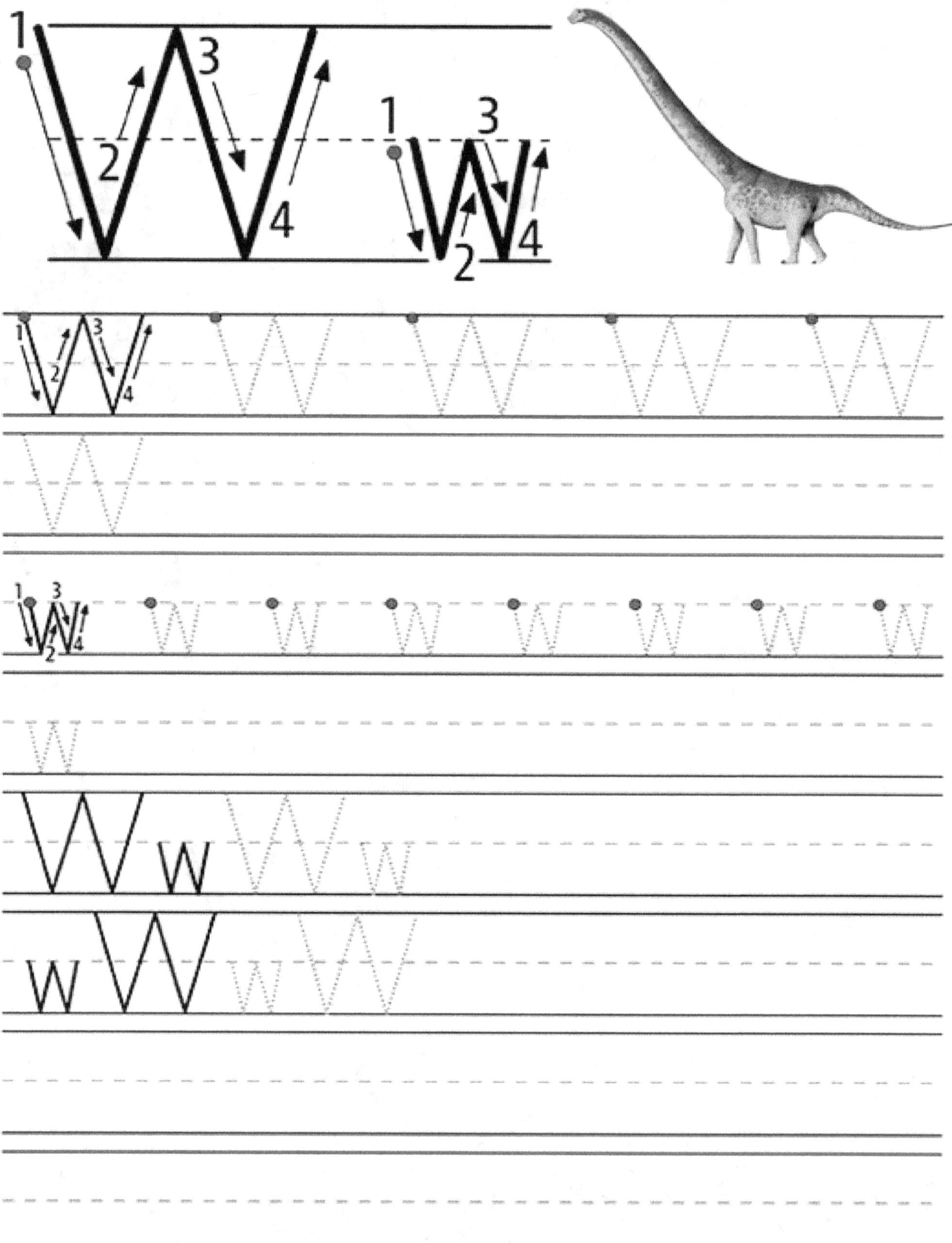

Male den Fußabdruck mit dem
Groß- und Kleinbuchstaben W-w an:

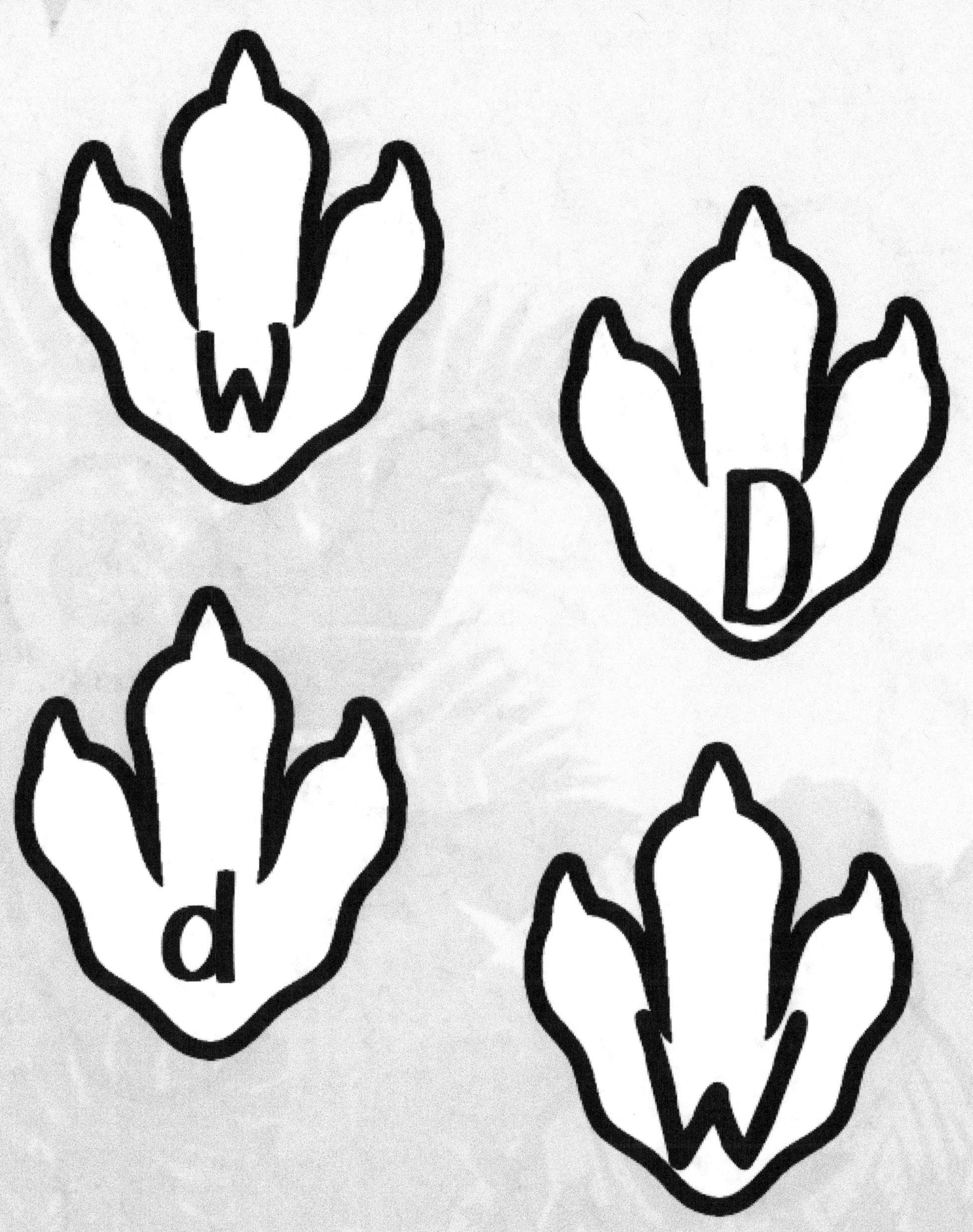

XENOCERATOPS
"SELTSAMES HORNGESICHT"

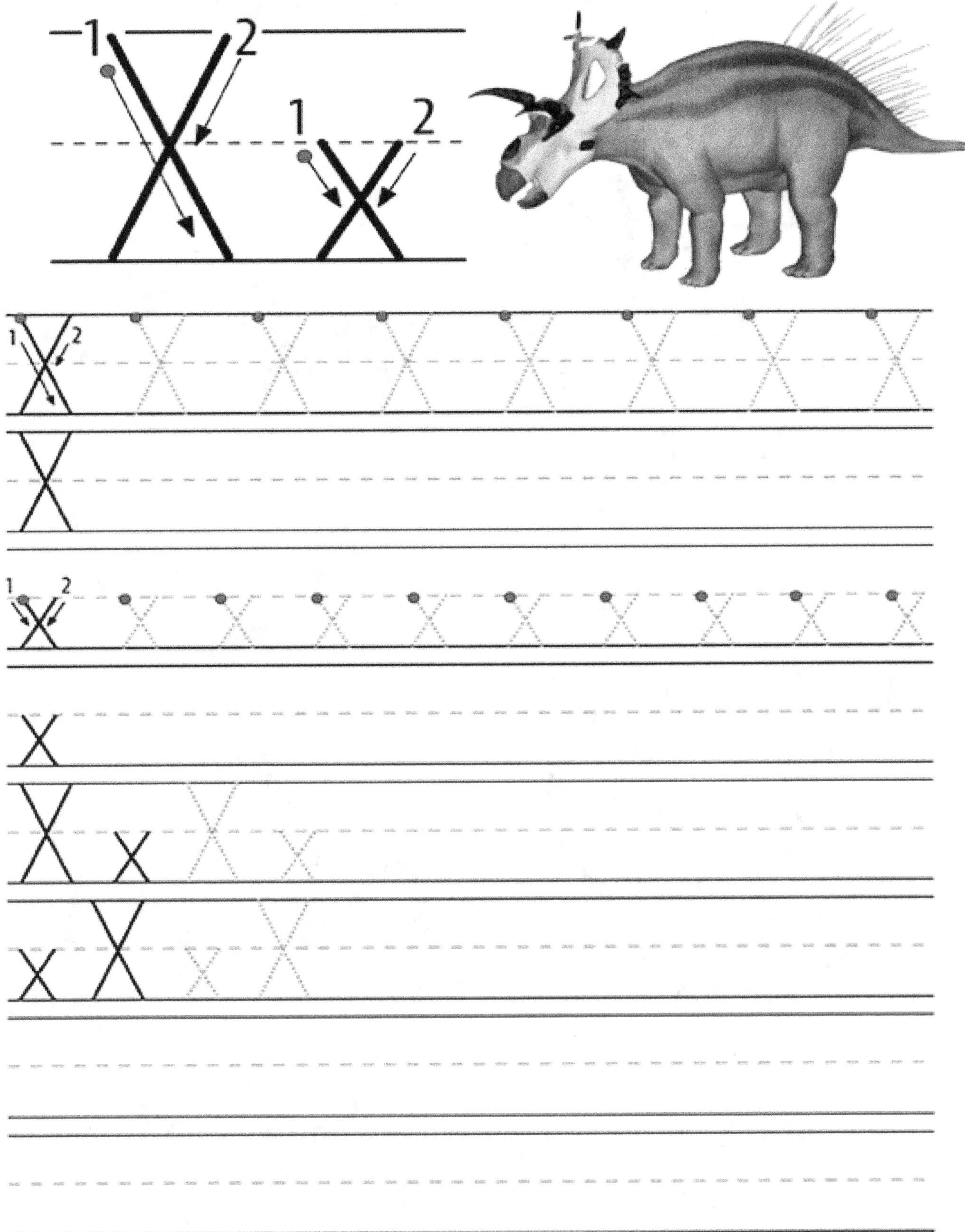

Male den Fußabdruck mit dem Groß- und Kleinbuchstaben X-x an:

YINLONG - "VERSTECKTER DRACHE"

Male den Fußabdruck mit dem Groß- und Kleinbuchstaben Y-y an:

ZUUL

"ZUUL (HALBGOTT UND TORWÄCHTER ZU EINER ANDEREN WELT)"

Male den Fußabdruck mit dem Groß- und Kleinbuchstaben Z-z an:

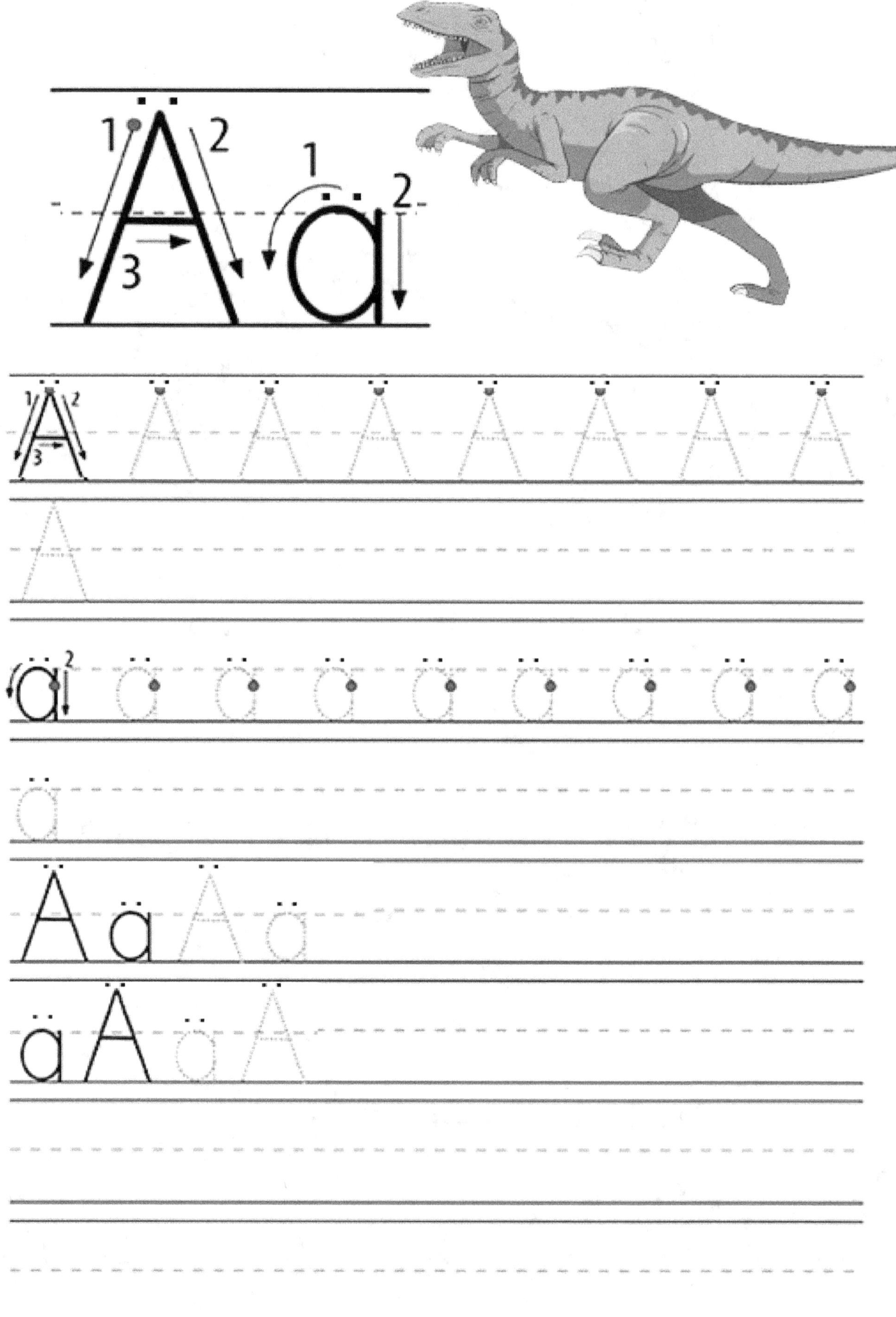

Male den Fußabdruck mit dem Groß- und Kleinbuchstaben Ä-ä an:

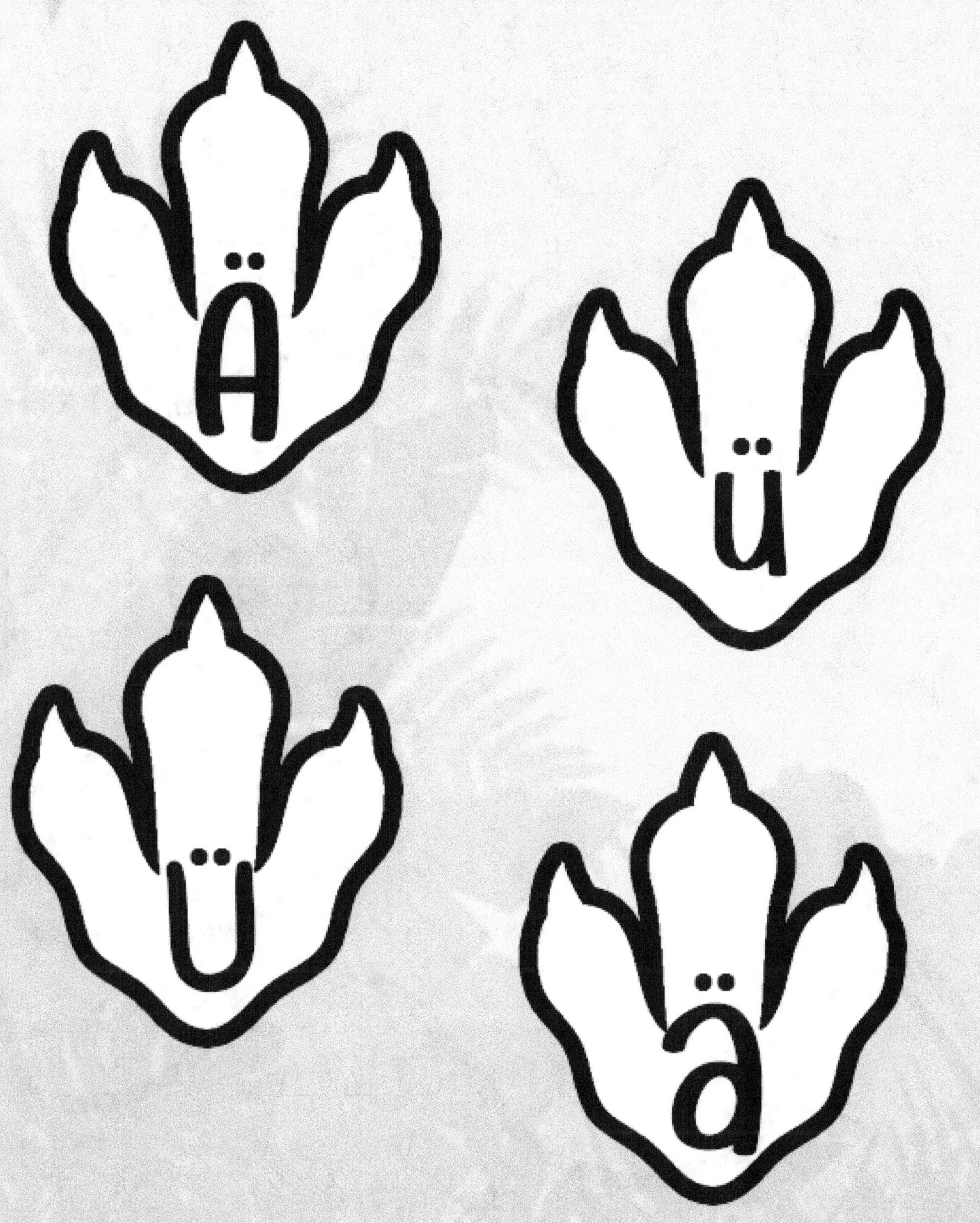

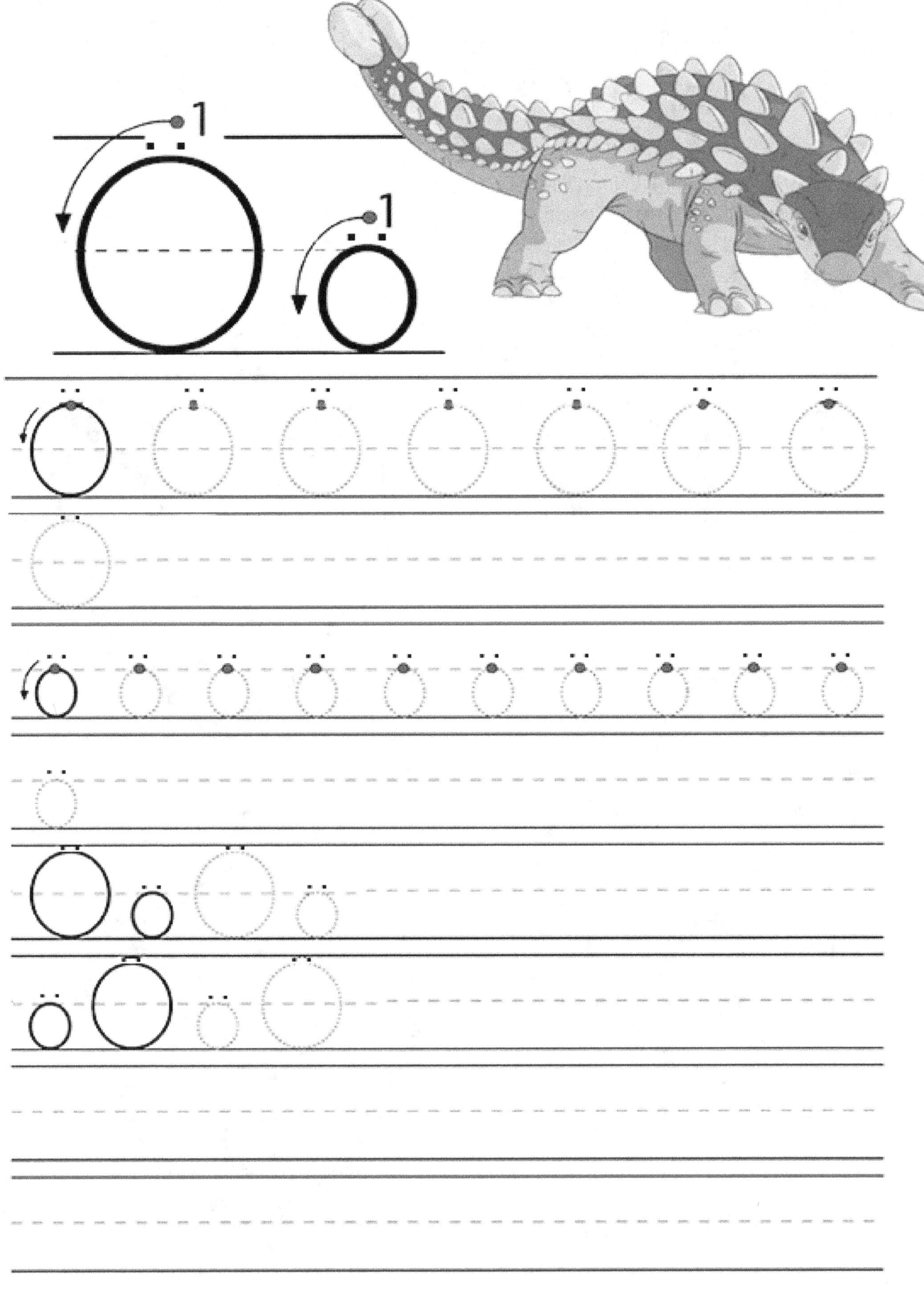

Male den Fußabdruck mit dem
Groß- und Kleinbuchstaben Ö-ö an:

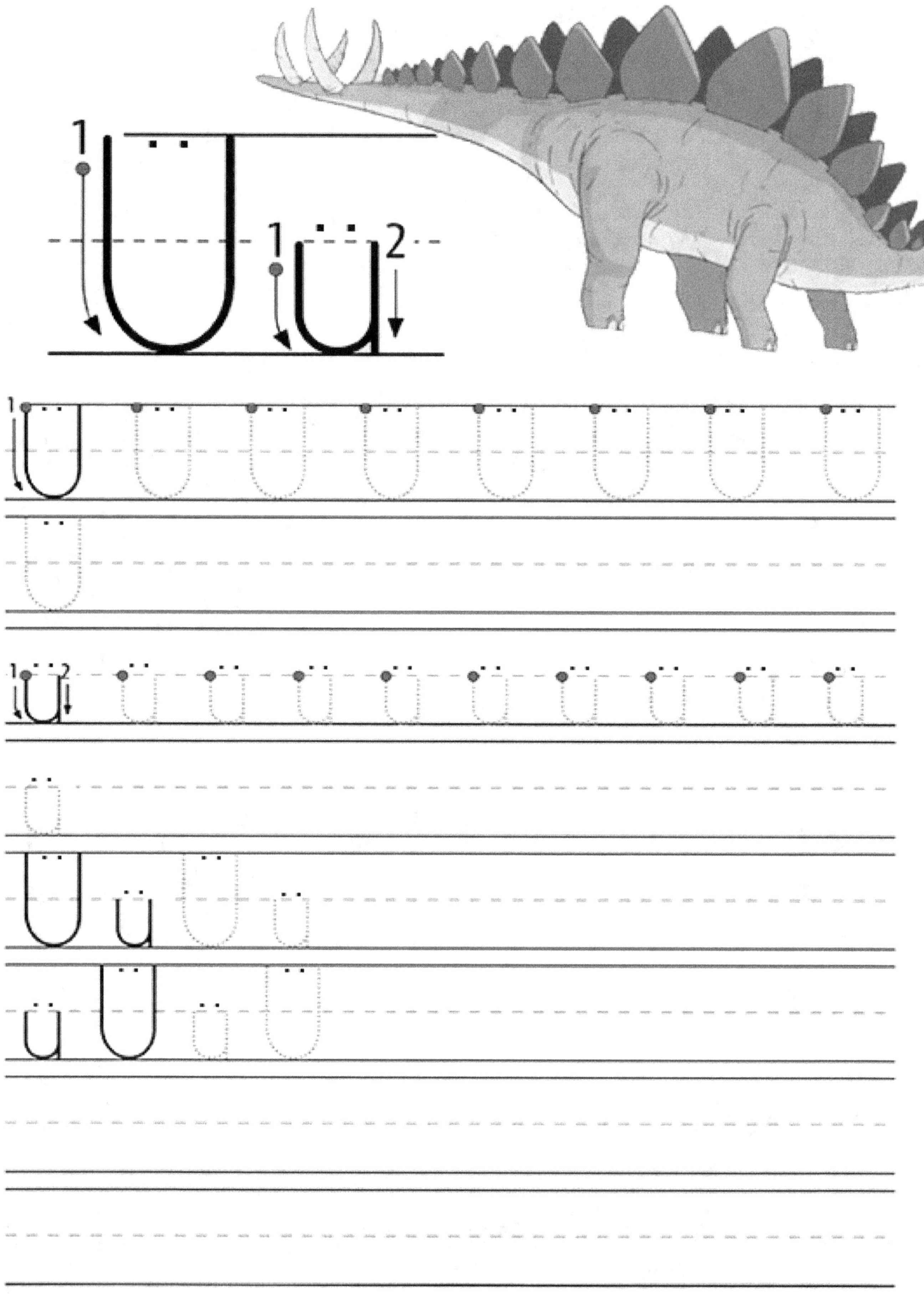

Male den Fußabdruck mit dem Groß- und Kleinbuchstaben Ü–ü an:

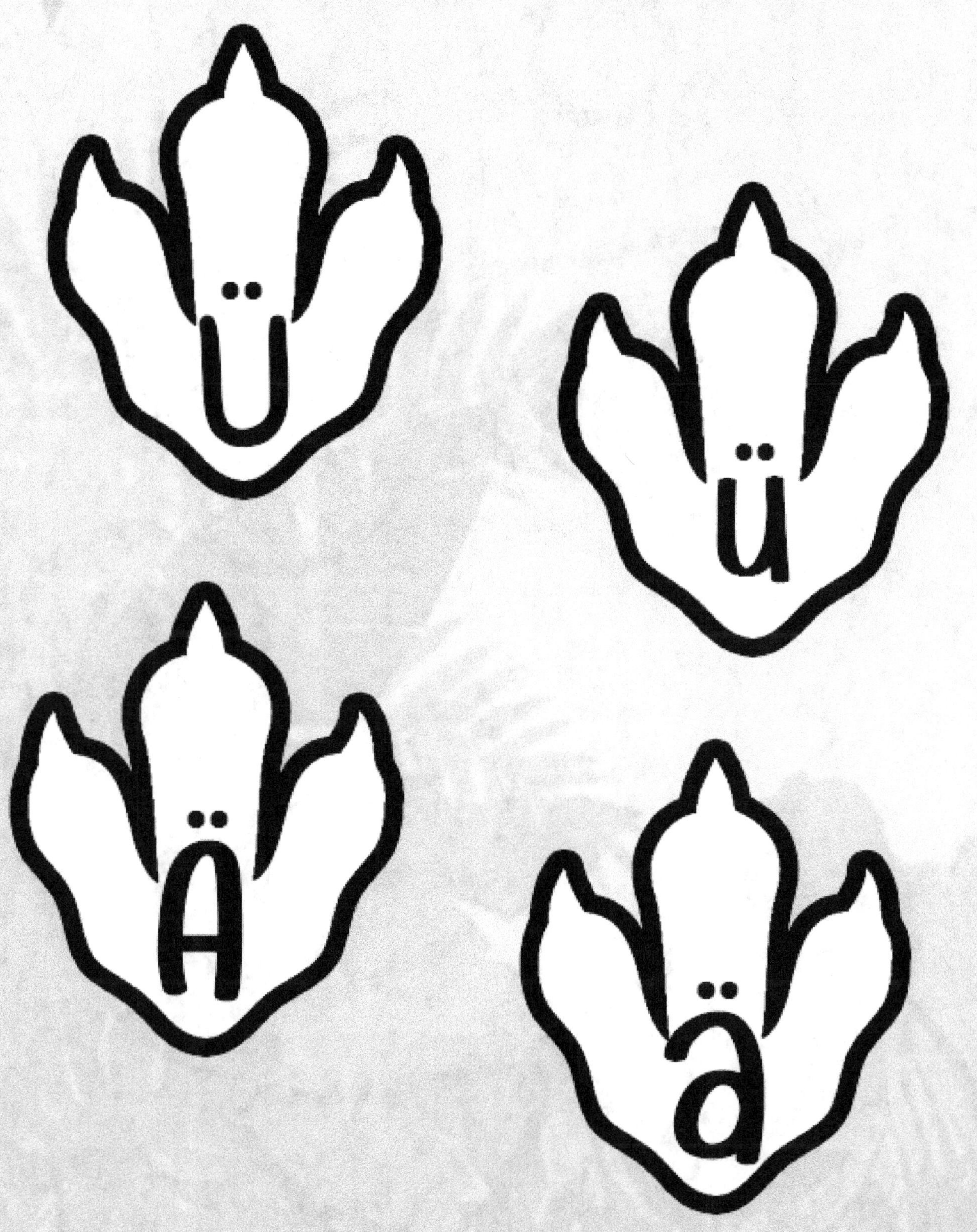

Male den Fußabdruck mit dem
Groß- und Kleinbuchstaben ß-ß an:

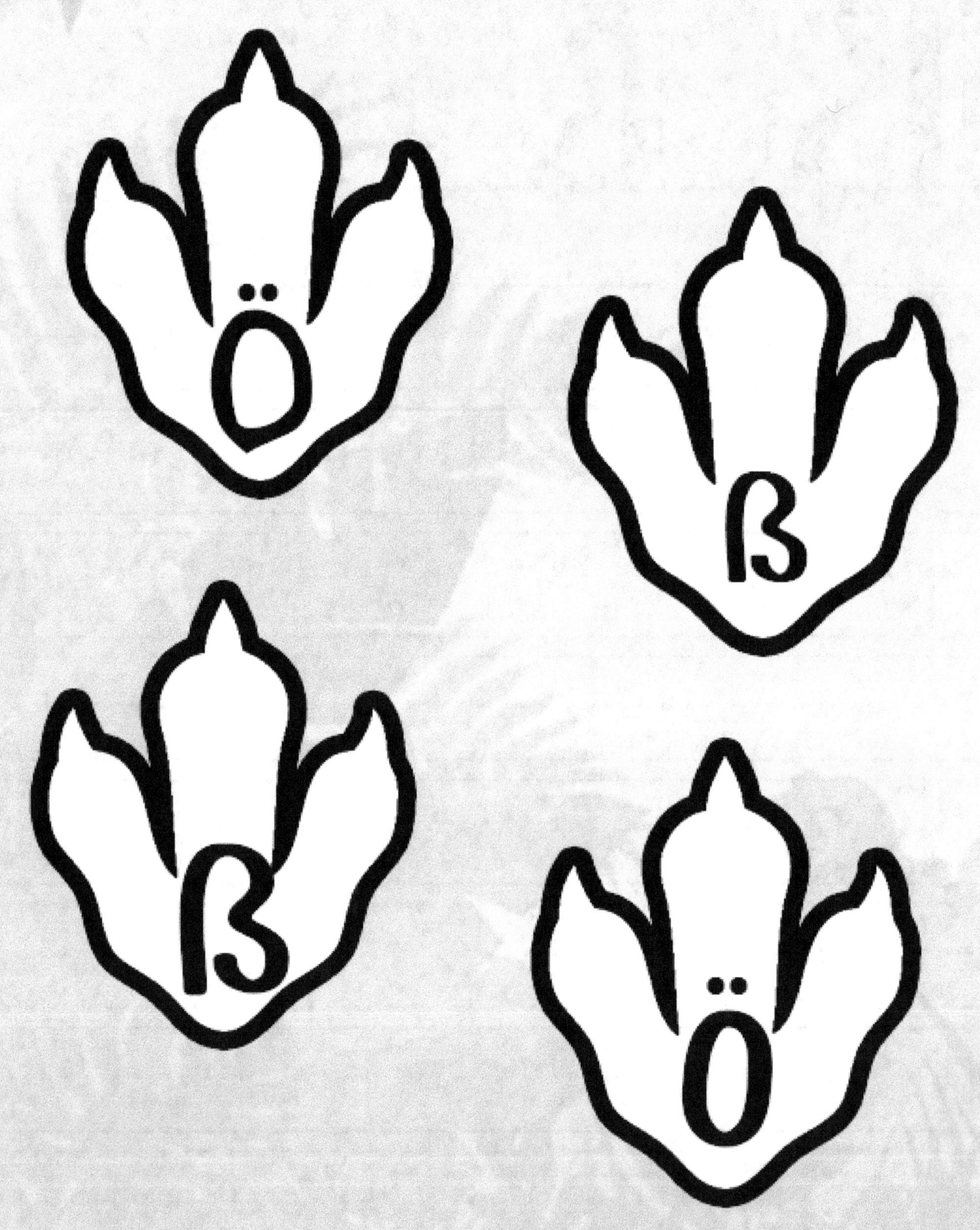

Impressum:
Roland Andres
Auergütlweg 10 4030 Linz
Austria